Hacer disidencia

Éric Sadin

Hacer disidencia

Una política de nosotros mismos

Traducción de
Maria Pons Irazazábal

herder

Título original: Faire sécession
Traducción: Maria Pons Irazazábal
Diseño de portada: Toni Cabré

© *2021, Éditions L'échappée, París*
© *2023, Herder Editorial, S.L., Barcelona*

ISBN: 978-84-254-4987-1

Imprenta: Qpprint
Depósito legal: B -12.749-2023
Printed in Spain - Impreso en España

herder

ÍNDICE

*Toda crítica de lo existente implica una solución,
si es que uno puede proponer una solución a su
semejante, es decir, a una libertad.*

FRANTZ FANON, *PIEL NEGRA, MÁSCARAS BLANCAS*

INTRODUCCIÓN
ROMPER EL AISLAMIENTO COLECTIVO

LAS VIRTUDES DESAPROVECHADAS DE NUESTRA VEJEZ

«Aquellos a quienes llamamos antiguos eran verdaderamente nuevos en todas las cosas y formaban propiamente la infancia de los hombres; y como nosotros hemos unido a sus conocimientos la experiencia de los siglos que les han seguido, es en nosotros donde se puede encontrar esa antigüedad que honramos en ellos».[1] El presente constituye el tiempo más maduro, en cuanto es el resultado de experiencias, de descubrimientos y de saberes acumulados. Este pensamiento de Blaise Pascal evoca los de sus predecesores, René Descartes y Francis Bacon, quienes a su vez habían señalado la excesiva veneración a las grandes figuras del pasado que, en realidad, eran aún vírgenes e ignorantes de muchos fenómenos: «No hay motivo alguno para inclinarse delante de los Antiguos por razón de su antigüedad, más bien somos nosotros los que deberíamos ser llamados los Antiguos. El mundo es más viejo que antes, y tenemos una mayor experiencia de las cosas».[2] Cada generación es capaz de aprender de los dramas y avances de la historia y de sacar provecho de los conocimientos legados por todas las que le han precedido. Esos análisis contribuirán a hacer germinar el

1   Blaise Pascal, «Prefacio para un tratado del vacío» [1651], en *Obras. Pensamientos. Provinciales. Escritos científicos. Opúsculos y cartas*, trad. de Carlos R. de Dampierre, Madrid, Alfaguara, 1981, p. 767.
2   Adrien Baillet, *La vie de Monsieur Descartes*, 1691.

espíritu de la Ilustración, invitándonos a captar la riqueza de la herencia transmitida por nuestros mayores y a utilizar nuestro juicio a fin de estar plenamente capacitados para rectificar situaciones y emprender con más confianza nuevas empresas. Ese sería, en teoría, el único y verdadero progreso. Aprender de los errores cometidos, esforzarnos por perfeccionar nuestras cualidades y buscar la armonía, en todos los ámbitos de la vida, para explorar de nuevo, y siempre, los caminos inciertos de la realidad.

En esta década de 2020, somos los más viejos de la humanidad. Como lo eran nuestros padres o abuelos al acabar la guerra. No obstante, a diferencia de nuestros predecesores más cercanos, que decidieron tomar nota de todas las tragedias y sufrimientos padecidos, no hemos conseguido aprender todas las lecciones de ese medio siglo pasado que tantas cosas nos ha enseñado, casi siempre a pesar nuestro. Porque nuestra madurez no es la de una conciencia aguda, una lucidez crítica, como la que forjaron nuestros mayores. No, al contrario, nuestra vejez está marcada por una doble característica. Es una vejez desilusionada, agotada, sin vitalidad ni esperanza, pero a la vez persiste en hacerse ilusiones que no deberían alimentarse, teniendo en cuenta todas las penas y decepciones sufridas. Muy lejos de la sabiduría que nuestros antepasados tenían derecho a esperar de nosotros. Como una vejez que no sirve para nada. En cambio, si supiéramos extraer su savia, podría servirnos de brújula, ofrecernos instrumentos —incluso armas— para enfrentarnos en mejores condiciones a la dureza de los tiempos. Y también para guiar a nuestros hijos, que corren el riesgo de convertirse en breve ante nuestros ojos en ancianos demacrados. Parece que no tenemos edad, ni punto de referencia fiable, ya que no hemos sabido mejorar. Es como si estuviéramos malviviendo en una condición intemporal, a pesar de la aceleración de los acontecimientos del mundo, a la que asistimos bastante inertes y atónitos.

DESPUÉS DEL TSUNAMI: UN PAISAJE DE DESOLACIÓN

Sin embargo, el panorama de las realidades pasadas y presentes que tenemos ante nosotros es muy completo, detallado y elocuente. Asistimos, bastante impotentes, a la formación de una inmensa ola, aparentemente inexorable, que siguió creciendo y ganando fuerza para acabar arrasándolo todo a su paso. Estaba constituida por tres sustancias que le proporcionaron toda su fuerza. En primer lugar, una visión del mundo. Basada en una dinámica autoorganizada de sus componentes, convierte en caduco cualquier intervencionismo que inevitablemente conduce a la inercia y es innecesariamente costoso para la colectividad. En segundo lugar, poderosos intereses. Estos han sabido utilizar todos los medios necesarios para imponerse y crecer sin obstáculos en todas partes. Por último, procedimientos sofisticados de creación de opinión. Implementados por muchas entidades y actores expertos en imponer un orden de los discursos y de las cosas, aparentemente implacable sin duda, pero del que tarde o temprano, y en grados diversos, la mayoría podría sacar provecho.

Nada, ni nadie, resistió a esta ola devastadora, a la que dotamos de una apariencia de laguna turquesa destinada a todas las buenas voluntades. Tampoco los responsables políticos —supuestamente preocupados por el interés general— que apoyaron con presteza estos desarrollos, y ni siquiera aquellos que habríamos podido pensar que se mostrarían más reticentes y que, sin embargo, se plegaron dócilmente a sus dogmas. Pero sabemos que toda gran promesa con acentos categóricos, sea cual sea su naturaleza, en cuanto pretende ser exclusiva e imponerse a toda costa, se convierte inevitablemente en una pesadilla. Nuestro estado presente es un paisaje hecho jirones, según la reciente constatación casi unánime de la magnitud de los efectos devastadores provocados por las medidas cada vez más enloquecidas aplicadas desde el giro ultraliberal de principios de la década de 1980. Tal como lo precisamente inverso, en cierto modo, del fracaso confirmado medio siglo antes del comunismo autoritario, cuyas últimas quimeras se encargó de disipar categóricamente el testimonio de Aleksandr Solzhenitsyn en *Archipiélago Gulag*,[3] publicado en 1973.

Hoy estamos destrozados. Nuestros cuerpos y nuestros espíritus han sido vencidos por tantos extravíos y desmesuras. Pero es también porque estamos pagando el precio de nuestra indolencia, de no habernos enfrentado más, como deberíamos haber hecho, ni haber defendido, en conciencia, lo que nuestros abuelos y bisabuelos habían obtenido en dura lucha. Renunciamos a ello, así como a mostrarnos inventivos y audaces para imaginar vías divergentes, capaces de expresar mejor nuestras cualidades y hacernos más presentes en la vida. Podría decirse, por supuesto, que las fuerzas en juego estaban muy determinadas y dotadas de una gran habilidad para hacer triunfar sus puntos de vista. Nos invadió el desánimo. No obstante, pronto, cabe esperarlo, personas y programas salvadores vendrán a liberarnos. Ya que, pese a todas las crueles experiencias y desengaños sufridos, seguimos creyendo que manteniendo casi idénticos ciertos cuadros y eligiendo otras figuras, supuestamente más virtuosas, las cosas acabarán tomando un rumbo mejor. Casi a nuestro pesar, y bastante perdidos, confiamos en viejas recetas —cuyas insu-

3   Aleksandr Solzhenitsyn, *Archipiélago Gulag*, trad. de Enrique Fernández Vernet y Josep Maria Guell, Barcelona, Tusquets, 2015.

ficiencias nos cuesta comprender—, que más bien exigirían un replanteamiento completo de los términos. Si la sabiduría de la edad consiste en haber llegado a formarse una conciencia aguda y mostrarse responsable, entonces probablemente no vemos hasta qué punto nos hemos vuelto inmaduros, o seniles, incapaces de movilizar nuestros recursos físicos y mentales para sacar todas las consecuencias de la visión global que ahora tenemos.

En este sentido, sería ingenuo, siguiendo una aspiración muy de moda actualmente, pensar en un retorno del «Estado del bienestar» como la panacea de casi todos nuestros males. Existe, sin duda, una necesidad urgente de intervención de los poderes públicos, muy avivada por la crisis del COVID, cuyas consecuencias provocarán quiebras, despidos masivos y un empeoramiento de la precariedad y de la pobreza. Es hora de un espíritu de restauración, algo nostálgico, que podría actualizarse, puesto que ya está adornado con una indispensable preocupación ecológica y el deseo de ver florecer por todas partes «convenciones ciudadanas» destinadas a «revitalizar la democracia». Se produciría entonces el cambio de época, o del «mundo de después». Surgiría un nuevo espíritu luminoso, más consciente de sí mismo, solidario y respetuoso de la biosfera. Una auténtica postal sobre un fondo de cielo eternamente primaveral, sin desgarrones, con algunas nubes aborregadas como complemento realista, o discreto reverso negativo, a la perfección del decorado. Ahora bien, ese postulado se caracteriza por ser a la vez incierto e inapropiado. Incierto, porque muchos protagonistas e imperios desmontarán sin ningún reparo esos bellos ensueños, no solo manteniendo las estructuras existentes sino incluso consolidándolas, dado nuestro estado actual de desorientación y de vulnerabilidad. E inapropiado, porque todos esos mecanismos, aunque se instauren, dejarán muchos problemas cruciales fuera de lo que normalmente se supone que compete a la política, y que sin embargo pertenece más que nunca por derecho propio a esta categoría.

ÓRGANOS DE PODER DE UN NUEVO TIPO

Como si el mundo siguiera siendo igual —aunque se ha vuelto mucho más complejo—, se han creado fuertes vínculos de connivencia entre gobernantes y poderes económicos, y ha surgido una caterva de actores dotados de formas inéditas de autoridad, que contribuyen a redefinir el mapa habitual de la distribución de los poderes. Sobre todo gracias a la evolución de la técnica, que ya no se encarga tan solo de realizar tareas definidas estrictamente, sino que ahora es capaz de interpretar toda clase de situaciones y de formular instrucciones. Ha nacido un nuevo tipo de industria, con intenciones hegemónicas, que pretende inmiscuirse en todos los aspectos de la vida humana y orientar de un modo u otro los comportamientos, por ejemplo, a través de procedimientos de organización algorítmica del trabajo. Y también, como fenómeno importante de nuestro tiempo, a través de sistemas y aplicaciones elaboradas por una economía de los datos y de plataformas que pretenden ocuparse de nuestro supuesto confort y bienestar en la vida diaria. Modalidades automatizadas y más o menos apremiantes de regulación de las conductas impregnan ya y en todas partes nuestras sociedades contemporáneas. O sea, un paisaje actual sin ninguna relación con el que existía durante los «Treinta Gloriosos».* De ahí que sea un error confiar, es-

---

*   Se refiere al período histórico transcurrido desde el final de la Segunda Guerra Mundial en 1945 hasta la Recesión de 1973-1975 producida por la Crisis del petróleo de 1973, prácticamente tres décadas de crecimiento económico y pleno empleo en numerosos países del mundo. *(N. de la T.)*

peranzados, en un retorno del poder público, en una sociedad salpicada de «asambleas participativas» y de buenas intenciones teñidas del verde que cubre las hojas de los árboles. Ni los unos ni los otros, juntos o por separado, nos librarán de unas condiciones de trabajo cada vez más implacables, del movimiento de mercantilización total de nuestras vidas favorecido por el uso frenético de nuestras prótesis conectadas, o de la aparición de un entorno dedicado a convertir lo «distancial» y «sin contacto» en normas generalizadas, que provienen de formas solapadas de escisión entre los seres. Toda una serie de procesos, entre muchos otros, que introducen muchas formas nuevas de gubernamentalidad, las cuales contribuyen a redefinir los términos de la vida en común y cuya característica es que se desarrollan bajo los radares del campo de atención de la «gran política».

Una perspectiva considerada saludable, que comparte el mismo espíritu imbuido de ilusión y de nostalgia, hace vibrar ahora a las masas. Desde hace unos años, y más aún desde la pandemia del coronavirus, se extiende la idea, especialmente en los países europeos, de regresar a un soberanismo monetario e industrial, en oposición a las lógicas supranacionales desarrolladas por la Unión Europea o por algunas organizaciones internacionales. La idea parte del hecho de que hemos sido despojados —que los Estados han sido despojados— de su poder de decisión. Una rehabilitación nos haría más dueños de nuestros destinos. Se trata de una visión muy limitada y, sobre todo, muy desfasada, ya que supone de entrada que ciertas estructuras institucionales, y el principio de delegación asociado a veces, aunque a un nivel más bajo, seguirían siendo iguales. Supone, además, desde un punto de vista económico, que la relocalización salvaría empleos, sin entender que para redefinir la noción y la vocación mismas del trabajo hay que deshacerse del mundo de la empresa contemporáneo y de todas sus reglas de gerencia inflexibles y a menudo inhumanas. El soberanismo es un concepto miope e incoherente, porque solo aspira a mantener esquemas obsoletos y perniciosos de los que ha llegado el momento de liberarnos. Platos recalentados y marcos limitados, que hay que abandonar para recorrer terrenos mucho más estimulantes y fructíferos. Porque, sí, debemos mostrarnos soberanos, y es justamente a esta disposición, que se ha marchitado, a la que debemos devolver todo su vigor. Pero no como un limitado refugio protector, que es una forma tácita de renuncia y una visión incompleta y estrictamente procedimental de la soberanía, sino en la forma —por lo demás influyente— de una *plena soberanía de nosotros mismos*. Es decir, el ejercicio de nuestra libertad para defender —a diario y en el ámbito de las realidades vividas— los principios fundamentales que nos impulsan, así como la voluntad de trabajar para construir formas de vida y de organización que favorezcan la mejor expresión de cada individuo, procurando a la vez no perjudicar a nadie, ni a la biosfera.

Una cuestión de método

Si hoy padecemos amnesia es porque hemos olvidado que ante desengaños repetitivos y frente a esquemas que parecen indefinidamente persistentes conviene recurrir ante todo a la única palanca capaz de contrarrestar este estado de parálisis: *la movilización de nuestras propias fuerzas*. En la intención firme de ser más activos radica la posibilidad de sufrir en menor grado las situaciones, de dejar de ser testigos amorfos, y a veces perjudicados, de los grandes acontecimientos o de los de nuestra vida diaria, y de ser capaces de influir de un modo u otro en el curso de nuestros destinos. Sabemos que el mayor reto de nuestra época es involucrarse en los asuntos que nos conciernen, pero ¿qué se entiende por hacernos responsables, por ser actores de nuestras vidas? Si existe un deseo compartido de conquistar márgenes de autonomía, a menudo se ve refrenado porque conlleva riesgos personales, o bien se manifiesta a través de iniciativas dispersas, casi aisladas, que no responden a ningún proyecto común claramente definido. Estamos bastante desvalidos, probablemente debido a la ausencia de un instrumento en el que rara vez pensamos: *un método*. Susceptible a la vez de ensanchar nuestra comprensión de lo que supone nuestra condición política y de dar contenido, de múltiples formas, a su plena manifestación, a la luz de la historia y de la especificidad de los tiempos presentes.

Hacer disidencia supone ante todo romper con muchos reflejos, hábitos y representaciones que siguen manteniendo patrones más inoperantes que nunca, debilitando nuestras voluntades y abocándonos a la esclerosis. Postura que exige en primer lugar abandonar una concepción demasiado general —y también demasiado estrecha— de lo político, que se caracteriza por derivar de una atención inadecuada a ciertas figuras o entidades y por apartarnos de nuestros deberes. Con el paso de las generaciones, hemos llegado a concebir la vida democrática solo dentro del estricto marco que sitúa a los gobernantes a un lado y a los gobernados al otro, de acuerdo con una distribución que parece inmutable y exclusiva, por así decir. Por esta razón hemos renunciado a afirmar nuestra soberanía, convertida prácticamente en letra muerta. Además, estas lógicas tenaces acaban produciendo inevitablemente, como consecuencia, insatisfacciones y rencores. Y también veleidades, reiteradas periódicamente, de manifestar un rechazo que adopta la forma de levantamientos más o menos inesperados, que serán reprimidos o neutralizados con medidas adecuadas de dispersión, antes de que las cosas vuelvan a su curso normal y nos devuelvan, con el rabo entre las piernas, a nuestros límites.

En contra de este ordenamiento que cultiva una representación del poder como impregnado de restos mitológicos, que sitúa a algunas figuras todopoderosas por encima de las masas aborregadas, lo que hay que hacer es una redefinición del posicionamiento de cada uno en la sociedad y de lo que supone el hecho de trabajar juntos. Se postula aquí que ese objetivo exige adoptar una serie de conductas que confluyen en la exigencia de saber mostrarse crítico con un montón de discursos —y también con algunas expectativas nuestras irrelevantes—, no soportar pasivamente situaciones injustas y trabajar para materializar aspiraciones que casi siempre y por diversas razones permanecen inactivas. Por razones metodológicas, se distribuyen en cinco categorías de igual importancia. En este sentido, más que la imagen de la navaja suiza, que ofrece usos bastante definidos en un mismo dispositivo, se moviliza la de la mano y sus cinco dedos, entendida como el órgano privilegiado que permite efectuar una infinidad de operaciones por parte de las fuerzas conjuntas de nuestro espíritu, de nuestro cuerpo y de nuestra voluntad, y que implica utilizar la habilidad, el sentido de la oportunidad y el arte de adaptarse a la realidad y a los otros en muchas circunstancias. Es decir, una posible ilustración —en actos— del ejercicio mantenido constantemente de nuestra libertad, entendida ante todo, según la fórmula elocuente del teórico del socialismo Pierre Leroux, como la plena expresión de nuestro «poder de acción».

LA LIBERTAD NO SE COMPARTIMENTA

El primer dedo que utilizaríamos será el pulgar. Sin embargo, no se levantaría para mostrar asentimiento, como el símbolo del «like» introducido en 2009 por Facebook y que inmediatamente se extendió a otras plataformas. Al contrario, se dirigiría hacia abajo para mostrar una desaprobación total. En contra de un modelo, pero también de la relación que mantenemos con él, que con el tiempo ha convertido la delegación en la fuerza central de la vida pública. Lo que hoy sabemos, desde la perspectiva de todas las experiencias pasadas, es que ese principio, que en su origen emanaba de una aspiración revolucionaria, la de permitir la expresión de la voluntad general dando «su voz» por un tiempo determinado a unos «elegidos» encargados de defender la causa común y el interés de la mayoría, se ha convertido en su casi-contrario. Es decir, en una profesionalización del ejercicio del poder, y su acaparamiento por parte de los aparatos, que sitúa *in fine* en una postura pasiva al ciudadano, cuyo voto, una vez depositado en la urna, formalizará, en la medida en que contribuye a neutralizar hasta nueva orden su disposición a interferir en la vida de la Ciudad. De un ideal inicial de autoinstitución de la sociedad se ha pasado a un sistema esclerotizado e inhibitorio que desposee al pueblo de su dinámica contributiva y constructiva, que por derecho es inherente a él: «Todavía hoy la V República está gobernada por los herederos de los opositores al Segundo Imperio, convertidos en profesionales del poder. Mientras que la libertad de todos está en ciernes».[4]

Actualmente, somos conscientes de que este espíritu ha sido vaciado de contenido. Existen distintas teorías y experimentos

4   Michèle Riot-Sarcey, *Le Procès de la liberté. Une histoire souterraine du* XIXe *siècle en France*, París, La Découverte, 2016, p. 235.

que se esfuerzan por redefinir los términos, por dar más espacio a la llamada «sociedad civil» a través de procedimientos denominados «participativos» y promover la instauración de «convenciones ciudadanas». Aunque todas estas ideas e iniciativas aportan tal vez un soplo de aire fresco a algunas de nuestras actividades, ocultan no obstante el error de mantener un fallo importante, a saber, la importancia desmesurada que concedemos al propio principio de delegación —y también al de deliberación—, convirtiendo la transferencia instituida de poder y de la expresión pública de las opiniones en la cúspide de la afirmación política, cuando en realidad no son más que una faceta. No se trata tanto de subestimarlas —teniendo en cuenta la escala alcanzada por las naciones o las colectividades locales en muchos casos, debemos recurrir a ellas — como de revaluar la importancia que les concedemos. Ya que el mal está en considerar la representación y la organización de debates como las modalidades casi exclusivas del funcionamiento democrático. Esta tendencia contiene dos vicios cuyo precio pagamos constantemente. En primer lugar, haber confundido la libertad de elegir personas, y de hablar, con un uso pleno de nuestra libertad. En segundo lugar, no contemplar que el ejercicio de nuestra condición política ha de manifestarse día tras día de muchas maneras y grados. En realidad, no conseguimos pasar de una relación piramidal, saturada de afectos y de expectativas, a la «gran política», cuyos signos patentes son la extrema espectacularización de las campañas presidenciales y las formas de histerización colectivas que las acompañan, y creemos, cándidamente, que es en esos momentos cuando se juega cada vez la suerte de todo un país.

Conviene considerar, a este respecto, las agudas palabras escritas por Walter Lippmann en su obra de 1925 *El público fantasma*: «Una elección rara vez aporta ni siquiera una fracción de lo que los candidatos anunciaron durante la campaña. Aporta tal vez una tendencia general ligeramente diferente en la gestión de los asuntos. […] Pero esas tendencias diferentes son muy pequeñas en relación con la inmensidad del acuerdo, la costumbre establecida y la necesidad inevitable. De hecho, podría decirse que una nación es políticamente estable cuando las elecciones no tienen ninguna consecuencia radical».[5] Es exactamente lo que hemos vivido en estas últimas décadas: noches electorales a menudo embriagadoras, seguidas de mañanas que inevitablemente acaban siendo decepcionantes. Ha llegado la hora de dejar de ilusionarnos, de ser más maduros y, aguzados por nuestras experiencias, reducir nuestra implicación en la vida pública y ejercerla ante todo y de distintas maneras en nuestra realidad diaria.

AUTOMATIZACIÓN E IMPERSONALIZACIÓN

El segundo dedo que movilizaríamos sería el índice, para apuntar a las formas inéditas y a menudo insidiosas de gubernamentalidad que se han desarrollado desde hace unos veinte años, en consonancia con las aparecidas en el momento del giro neoliberal iniciado a principios de los años 1980. En aquel momento se pusieron en marcha en el mundo laboral muchos procesos destinados a optimizar el rendimiento de las personas, caracterizados por sugerir una ganancia de autonomía, aunque en realidad se produjo el efecto contrario, siguiendo unos patrones que perturbaban a la vez que confundían la noción misma de correlaciones de fuerza. En un principio se

5 Walter Lippmann, *Le public fantôme*, París, Demopolis, 2008, p. 126 (trad. cast.: *El público fantasma*, trad. de César García Muñoz, Genueve, 2011).

25

plasmaron en formas de organización —técnicas de gestión— que pretendían modificar la posición de los agentes, que ya no quedaron reducidos a meros ejecutores, sino que se vieron obligados a responder del mejor modo posible a objetivos individualizados, definidos casi siempre por agencias externas. Esos cambios produjeron cuatro efectos importantes. En primer lugar, la obligación de respetar, paso a paso, la cronología de las acciones que hay que realizar, cosa que provoca un efecto de impersonalización en la medida en que solo cuenta su correcta ejecución, en detrimento de cualquier aportación singular o esfuerzo de inventiva personal. En segundo lugar, una movilización continua, en función de la mayor responsabilidad asignada, que, al ser considerada una norma imperativa, ha acabado generalizando los fenómenos de agotamiento físico y psíquico. En tercer lugar, el hecho de tener que gestionar el propio programa de trabajo ha creado la sensación de ser remitido a uno mismo en muchas circunstancias, cosa que produce una sensación de aislamiento personal, aunque se experimenta en colectivos humanos. Por último, esos métodos han establecido, de manera más o menos explícita, una dimensión comparativa —de apariencia objetiva— entre las personas, así como una competencia en los equipos, susceptible de provocar estrés y pérdida de la autoestima.

Con el cambio de milenio, todos estos aspectos se intensificaron debido al proceso creciente de digitalización, que favoreció sobre todo la cuantificación detallada y continua de los comportamientos, antes de que, una decena de años más tarde, se diera un salto conceptual y formal en la gestión de algunas de estas actividades. Se introdujeron sistemas capaces de interpretar situaciones en tiempo real y de dictar a la vez órdenes de forma automatizada. Inicialmente, en el sector de la logística, donde los almacenistas recibían indicaciones, sobre todo a través de los auriculares, y se veían obligados a actuar en consecuencia. Sus gestos eran como teledirigidos y sometidos a unos ritmos por lo general insostenibles. Un mundo laboral hecho de normas cada vez más implacables, desprovisto progresivamente de un interlocutor directo y rodeado de entidades jerárquicas indiscernibles, ha acabado prevaleciendo masivamente, dificultando así la posibilidad de expresar los desacuerdos y de gestionar legítimamente los conflictos. Década a década, y casi en silencio, se ha ido conformando una nueva era de la gobernanza, que enfrenta, por un lado, a una especie de fantasmas difusos e inaprensibles y, por el otro, a figuras sin rostro e indefinidamente intercambiables. Aunque todos estos cambios tienen una importancia política capital, se producen en medio de una clara indiferencia de los representantes públicos. Es más, la mayoría de ellos, en la década de 2010, los apoyaron firmemente con ayudas públicas, y se alegraron de la instalación en sus territorios de «fábricas 4.0», modelos perfectos de la institucionalización de esos métodos, que emanan de la llamada «innovación digital».

También conviene señalar las repercusiones de nuestros hábitos de consumo, que alimentan todo ese comercio *online* y también empresas de servicios, como Deliveroo, Uber o Lime, entre otras muchas, que surgen de la transmisión automatizada de instrucciones, de evaluaciones en tiempo real y fomentan ritmos ininterrumpidamente sostenidos, a la vez que imponen el régimen de la precariedad. Se trata de un fenómeno determinante, que caracteriza por sí mismo nuestra época: algunos de nuestros hábitos provocan constantemente efectos de una dimensión esclavizadora en otras personas. O sea, un fenómeno que podríamos calificar de *interferencia imbricada de formas de vida*, que estructura la sociedad en profundidad y de forma casi invisible, generando relaciones asimétricas de poder reiteradas indefinidamente entre sus diferentes miembros.

Por esta razón, y en relación con las nuevas condiciones de trabajo, ha llegado el momento de no confiar en los actores públicos, más desconectados o cómplices que nunca, y de actuar en el ámbito de las experiencias vividas. Y con respecto a nuestra vida cotidiana, hay que ser conscientes de todas las consecuencias provocadas por nuestras «microdecisiones» tomadas en las redes y estar dispuestos a determinarnos en consecuencia, de forma consciente y responsable. Entendemos que ambas decisiones suponen elevar cuestiones, generalmente consideradas propias de esferas corporativistas o privadas, a su verdadero rango, eminentemente político, en cuanto representan una parte esencial de las formas actuales de organización en común.

POLÍTICA DE LA LENGUA

El tercer uso que haríamos de los dedos no sería para mover uno solo, sino toda la mano, que se situaría en posición vertical y perpendicular a la cara, con el pulgar doblado sobre la palma. Pondríamos el borde sobre la boca, exactamente sobre el hoyuelo situado sobre el labio superior, el *philtrum*, para indicar a quienes se esfuerzan por hacernos callar que ha llegado el momento de dejar de largarnos discursos formateados que pretenden imponerse de forma unilateral. *Se trata de una cuestión de lenguaje.* Para ser más exactos, de un determinado uso del lenguaje, cuyo objetivo es la fabricación de representaciones y la elaboración de una opinión destinada a ser hegemónica y con valor normativo. El lenguaje que se propagó sobre todo a comienzos de los años 2000, acompañando el movimiento de intensificación de la globalización y el auge de la digitalización, que adoptó la forma de términos, de fórmulas y de frases hechas acuñadas por distintos grupos de interés, a menudo con la ayuda de *think tanks*, de empresas de consultoría y de agencias de comunicación. Lo que las caracteriza es que debido a su sofisticación, la impresión de evidencia y de estar en consonancia con el espíritu de los tiempos que han de inspirar, han adquirido una dimensión performativa, que incita a emprender toda clase de acciones que correspondan. Esas prácticas son consecuencia directa del movimiento de expertización de la sociedad. Ha surgido una neolengua, hecha de neologismos, de «conceptos» y acrónimos, que rápidamente ha actuado como propaganda masiva, debido a que responde exclusivamente a pretensiones económicas y a la visión de un mundo que, en el futuro, deberá quedar libre de todo defecto.

Toda esta maquinaria retórica se ha desplegado sin que hayamos sido conscientes de los efectos producidos, sin que nos hayamos preocupado de contradecirla y de señalar sus objetivos. Aunque este esfuerzo ha estado afectando constantemente a nuestras vidas, todavía no lo consideramos una prioridad política. Además, estos discursos han sido adoptados, de forma consciente o inconsciente, por la mayoría de los responsables políticos, contribuyendo con ello a orientar en un determinado sentido la gestión de los asuntos públicos. Más aún, a fuerza de ser pronunciados y difundidos por todas partes, han calado en las mentes hasta el punto de encarnar una forma de verdad casi incontestable. Esta batalla de las representaciones la han ganado de forma aplastante las fuerzas que las han elaborado, hasta el punto de dejarnos inermes. Por eso es necesario construir —dondequiera que operemos— una *sociedad crítica*, capaz de contrarrestar ese uso desviado del lenguaje. Esta obligación exige también hacer el relato de las realidades concretas ordinarias, que en su mayoría pondrían en tela de juicio el contenido unívoco y abstracto de estos enunciados. No se trata solo de las correlaciones de fuerzas entre intereses divergentes, sino que muchos se basan en la primacía adquirida por un léxico sobre otro. Por esta razón, velar por una «higiene del lenguaje», en palabras de George Orwell, es decir, procurar que las palabras no sean confiscadas, sino que su libre utilización favorezca la expresión de la pluralidad, representa un reto político apasionado al que hoy nos corresponde enfrentarnos.

Involucrarse en una lucha de discursos implica efectuar una crítica sin concesiones a un determinado uso del lenguaje o, más exactamente, a una patología de la época que, teniendo en cuenta el estado actual de desilusión y de resentimiento, consiste en entregarse al desahogo verbal en las llamadas «redes sociales», generalmente para llevar a cabo una denuncia continua. Prácticas que, pese a su deseo de creerse influyentes, solo se basan en un espontaneísmo de palabras solitarias, no sirven para nada y a la vez generan ganancias gigantescas a una industria dotada de gran habilidad para ofrecernos instrumentos que nos permiten expresar nuestra rabia y que actúan como válvulas de escape catárticas. Además, lo que caracteriza todo este desahogo de expresividad es que arremete mayoritariamente contra los responsables políticos y económicos, ratificando así la partición binaria, que sitúa a un lado a los que llevan la iniciativa, los que tienen el control, y por eso se les llena de reproches, y al otro a todos nosotros, que estamos a la espera de mejoras dentro de un esquema que no hace más que mantener la inmutabilidad de ese modelo e impide reconsiderar esos términos de una manera diferente.

¡ALTO!

El cuarto uso de los dedos consiste en apretarlos unos contra otros para luego hacer girar la mano en posición vertical a la muñeca y empujarla hacia delante extendiendo todo el brazo. Es un movimiento que indica a personas o a entidades que no sobrepasen determinado estadio, de lo contrario se consideraría que se les ha negado su derecho. Pues en nuestra gama de gestos, el ejercicio de nuestra facultad crítica, expresada con la mano colocada frente al rostro, debería reinterpretarse de nuevo en muchas circunstancias para bloquear decisiones que pretenden imponerse de manera unilateral: las que se refieren a la instauración de métodos y dispositivos técnicos —en el mundo de la empresa, de la escuela, de la universidad, del hospital, de la justicia, de la administración pública...— presentados a menudo como parte integrante del sentido ineludible de la historia. La característica casi constante de esas orientaciones es que no son consensuadas por todas las partes afectadas, sino que generalmente se inspiran en conclusiones de expertos que se supone que conocen mejor las realidades que los equipos que actúan sobre el terreno, y que solo están interesados en racionalizar y reducir los costes.

Lo que nos ha faltado, y nos falta, es una cultura de oposición categórica, sobre la base de principios intangibles que siempre deberían guiarnos. Los más importantes son la integridad y la dignidad, pero también la defensa de unas habilidades probadas, que no pueden ser negadas en virtud de soluciones determinadas estrictamente por imperativos de reducción presupuestaria y espoleadas a menudo por las actuaciones de grupos de presión. Por eso no es tanto una cuestión de contestación, que supone una relación asimétrica entre, por un lado, fuerzas dotadas de poder y dispuestas a tomar decisiones y, por el otro, personas que consiguen expresar su desacuerdo, en espera de una posible resolución, como una cuestión de *interposición*. Es decir, saber movilizarse, generalmente en masa, pues es bastante más eficaz, a fin de permanecer unidos sin reclamar nada, sino exigiendo que esos principios sean respetados. O sea, posturas que son propias del ejercicio de nuestra condición política y que estaban demasiado olvidadas. Sin embargo, en cuanto las medidas afectan a la cuestión de los salarios o del mantenimiento del empleo —cuestiones que en cierto modo son de absoluta necesidad— sabemos movilizarnos de inmediato, sobre todo recurriendo a manifestaciones o a huelgas. ¿Cómo no considerar muy insuficiente —y potencialmente perjudicial— ese único tipo de acciones?

El divergente habitual

El último movimiento de esta orquestación moviliza especialmente el dedo más pequeño, el meñique o auricular, llamado así porque puede introducirse en el orificio de la oreja, y por eso lo consideramos aquí simbólicamente dispuesto a aventurarse en pequeños intersticios, en caminos menos transitados. Por esta razón, este tipo de figura procede de una voluntad de posicionarse al margen de los marcos habituales, a menudo degradantes y asfixiantes, para intentar construir formas de existencia más acordes con sus aspiraciones. Impulso que se ve refrenado demasiadas veces por temor, por pereza, o simplemente por un inconformismo interiorizado. Sin embargo, constatamos que hoy más que nunca se manifiestan por doquier deseos de navegar hacia otros horizontes, pero quedan reducidos a meras intenciones, con resignación y a veces con una tristeza sorda. Por ello, y para no seguir refrenando todas estas tendencias y evitar que deriven en las lógicas neoliberales que animan desde hace décadas a «asumir riesgos individuales», hay que trabajar en una *institucionalización de la alternativa*. Esta expresión parece un oxímoron y admite, por el contrario, que esta contradicción aparente deriva de una perversión que existe desde hace mucho tiempo: la de haber ignorado erróneamente que el dinero público —que es el nuestro— debería, en contra de una visión estrictamente utilitarista de la «audacia» —basada en la pasión del triunfo personal y que confirma el dogma de la competencia interindividual—, animar la creación de un sinfín de proyectos impulsados por objetivos virtuosos. Los que tienden a experimentar modalidades que favorecen el desarrollo de las personas, la mejor expresión de su creatividad, el establecimiento de relaciones de equidad y de solidaridad, así como el respeto a los equilibrios naturales. Y no solo en el marco de iniciativas implicadas en la agricultura ecológica o en la permacultura, que actualmente parece que encarnan casi en exclusiva el cumplimiento del deseo de alternativa, sino en los diversos ámbitos de la vida humana: la producción artesanal, la educación, la salud, el cuidado, el arte y la cultura… Por este motivo son capaces de realizar una crítica sana —y en hechos— de nuestra concepción del trabajo, pero también de las instituciones que, con el paso del tiempo, y sobre todo por su dimensión, han llegado a ser corrompidas por una racionalización extrema y anquilosadas, hasta el punto de olvidar su vocación inicial.

Siempre hay una excepcionalidad del margen, que sin embargo se ha celebrado desde hace unos años en la medida en que nos damos cuenta de hasta qué punto la sumisión a tantos marcos normativos ha resultado ser nefasta por diversas razones. Se manifiesta hoy una expectativa más o menos declarada: ver cómo todas las experiencias alternativas que están en marcha se van extendiendo poco a poco. Sin embargo, esta expectativa no está respaldada por ningún proyecto definido en este sentido. El reto apremiante de nuestro tiempo consiste en favorecer esas experiencias en todas partes de forma voluntaria y estructurada, hasta llegar a trivializar el hecho de que, si uno se encuentra ante un fracaso profesional, encerrado en un callejón sin salida, pero movido por el deseo de plasmar múltiples formas de creatividad y de cooperación, los fondos públicos sostengan la constitución de colectivos susceptibles de insuflar un nuevo espíritu en la sociedad, que nunca en la modernidad había estado tan fracturada en todas partes. Esta sociedad estaría más en consonancia con su etimología, que procede del latín *societas*, o sea, una masa de seres que se reúnen para constituir una asociación, una comunidad, y que en esas ocasiones por exigencia moral se dedicarían a establecer vínculos de reciprocidad, rechazando además cualquier finalidad depredadora y devastadora. Es un proyecto completamente distinto al ingreso mínimo, que es una idea aparentemente progresista, destinada a contrarrestar la precariedad y el desempleo endémico, pero que en definitiva es consecuencia de una renuncia. Cada persona, en una especie de mundo a la carta, confía en la medida de lo posible en sí mismo, ve a la mayoría encadenar necesariamente los contratos, o a algunos satisfacer sus pasiones hasta entonces más o menos ocultas gracias a un subvencionismo individual generalizado, que no hace más que confirmar, bajo la apariencia de loables intenciones, las situaciones actuales, así como nuestro aislamiento colectivo.

Por ello, la política no es tanto una cuestión de buen gobierno de la cosa pública como, en su más alta expresión, una cuestión de colectivos que, en función de las convicciones compartidas, deciden organizarse de una manera u otra, convirtiendo la cuestión de las formas de gobernanza en común en el problema político por excelencia, que nos afecta hoy de manera muy viva. Lo que hace las veces de política es ante todo la voluntad de construir juntos prácticas consideradas muy deseables, a menudo contra muchas entidades y oponiéndose a marcos demasiado estandarizados. Sobre esta cuestión, deberíamos releer las obras de Martin Buber, un importante pensador del principio de «comunidad», que para él era la condición de posibilidad —especialmente gracias a la libre asociación con los demás— de experimentar formas de vida que promueven la convivencia y la realización personal: «Pretendo establecer que a partir de ahora debemos asegurar colectivamente la defensa de nuestra vida y de nuestro trabajo contra los instrumentos y las instituciones que amenazan o ignoran el derecho de las personas a utilizar su energía de manera creativa».[6] En comparación, los gestos pretendidamente políticos realizados en solitario apenas tienen más efecto que prolongar la extrema individualización de la sociedad, al considerar por ejemplo que, reciclando los desechos, negándose a coger un avión o siguiendo con emoción las huellas de los lobos, se cuestionan los fallos de nuestro tiempo. Y no es así, aun suponiendo que esos gestos se multiplicasen, ya que solo perturban la periferia de la mayoría de las derivas actuales. Esta mentalidad procede de una visión muy restringida, muy estrecha y sobre todo carente del aliento propiamente vital que debería animarnos.

---

6   Martin Buber, *Utopie et Socialisme*, París, L'échappée, 2016, p. 41 (trad. cast.: *Caminos de utopía*, trad. de J. Rovira Armengol, México, Fondo de Cultura Económica, 1955).

UNA PRAGMÁTICA DE LA REAPROPIACIÓN

Existe una diferencia fundamental entre la emancipación y la reapropiación. La una supone un logro incierto y un horizonte probablemente sin fin —siempre se enuncia en futuro—. La otra pide liberarse ya de la mayoría de sus cadenas, a la vez que se dota de los medios concretos para vivir más acorde con sus convicciones. Siempre hay un «ideal de emancipación»; no existe un «ideal de reapropiación», sino una pragmática del control de su destino: «La única empresa interesante es la liberación de la vida cotidiana, no solo en la perspectiva de la historia, sino para nosotros y todos los que vengan después».[7] El acto de disidencia, tal como se entiende aquí, insta a liberarse de la expectativa y afirma desde el principio una dimensión temporal. Es una de sus principales características. Se entiende como la voluntad de controlarse a sí mismo —de controlarnos a nosotros mismos— mediante operaciones capaces de modificar, de forma honesta, y en distintos grados, la naturaleza de muchas situaciones. Supone que ya no queremos confiar, de forma cada vez más hipotética e ilusoria, en terceras personas, de acuerdo con una postura que ha acabado atrofiándonos y haciendo madurar indefinidamente nuestros rencores, pues, como avanzaba acertadamente Proudhon: «Toda idea nace de la acción y debe regresar a la acción, so pena de inhabilitación para el agente».[8]

---

7 Guy Debord, *Sur le passage de quelques personnes…* [1959], en *Œuvres*, París, Gallimard, «Quarto», 2006, p. 482 (trad. cast.: *Contra el cine: obras cinematográficas completas (1952-1978)*, trad. de Víctor Goldstein, Buenos Aires, Caja Negra, 2019).

8 Pierre-Joseph Proudhon, *La justicia* [1858], Madrid, Ediciones de la Comisión de Propaganda Confederal y Anarquista, 1938.

Una decisión así exige fuerza y resistencia. No obstante, es cierto que los cuerpos están exhaustos, las mentes desorientadas, y que es difícil encontrar recursos físicos y mentales para movilizarse. Sin embargo, solo somos las víctimas de un orden mayor que nosotros. ¿Acaso no vemos que si la mayoría de nosotros nos hemos debilitado no es solo por las condiciones de vida cada vez más duras, sino también por un consumo frenético de todas esas tecnologías digitales, que acaparan nuestra energía con el único propósito de la satisfacción personal? Todos esos dispositivos hábilmente desarrollados por cierta industria, que nos inducen a replegarnos sobre nosotros mismos tanto física como mentalmente, a vivir de forma disminuida y a creernos parte del curso del mundo, mientras aporreamos sin cesar el teclado, aislados frente a la pantalla.

¿A qué remite esta noción de «pueblo», tan mencionada hoy en día? ¿A una especie de aglomerado abstracto cuyo deseo, indefinidamente contrariado, es dejar de estar limitado al papel de espectador detrás de las barreras para ver desfilar a sus príncipes? Hasta el punto de que, para intentar afirmarse, se ve reducido siempre al único ejercicio degradante de la reivindicación, o a aspirar a formas muy relativas de soberanía, mediante referéndums o asambleas llamadas «ciudadanas», a veces oportunas, pero donde se debate sin cesar y se toman decisiones, generalmente de carácter administrativo, antes de que cada uno vuelva a sus asuntos. ¿O, por el contrario, remite a unas constelaciones activas por doquier, continuamente en alerta, movidas por el deseo de involucrarse en un abanico de acciones que, mediante sus interconexiones, se esfuerzan por hacer que prevalezca una forma de buen equilibrio general?

SAGACIDAD DEL JUEGO DE LEGO

En su *Consolación de la filosofía*, Boecio, llorando desconsoladamente en el calabozo, cuenta que lo visitó Dama Filosofía para sacarlo de su letargo, diciéndole: «Es hora de remedios y no de lamentaciones». En nuestro mundo desolado, y dada la extensión de nuestros males, nos domina, como a Boecio, el reflejo muy humano de la lamentación y de su consecuencia, la denuncia. Desde hace décadas, y más en los últimos años, esa denuncia adopta la forma de una crítica cada vez más virulenta y extensa al capitalismo, muy necesaria sin duda, pero que a fuerza de ser ejercida resulta ya machacona, da signos de agotamiento y tiene dificultades para renovarse. Se han realizado muchos análisis, se han expuesto muchos fallos y se han documentado hoy con precisión muchos hechos. Sin duda queda margen aún para otros trabajos que ensayen nuevas perspectivas, especialmente descripciones de experiencias corrientes, a menudo muy duras y que pueden contradecir un montón de representaciones engañosas. Los resultados de todos estos trabajos llevados a cabo por las ciencias sociales se han propagado con los años y han hallado eco en una infinidad de biografías personales, hasta el punto de alimentar las conversaciones, de tener gran presencia en las llamadas «redes sociales» y de constituir el espíritu de la época. Podríamos decir que se ha ganado la batalla, no de las ideas, sino de la toma de conciencia. Se nos presenta ahora el desafío de ser capaces de iniciar una nueva fase.

Conviene, por tanto, mantenerse decididamente apartados de un movimiento muy de moda, que consiste en diseñar «utopías realistas» y en soñar en voz alta en «mundos deseables», como si la unión de muchas buenas voluntades hiciera florecer un mundo poblado de hombres y mujeres que pasan el tiempo libre cultivando parcelas ecológicas y disfrutando, rodeados de árboles, con la observación de la conducta singular y maravillosa de los pájaros. Es decir, un panorama muy parecido al que nos ofrecen las postales aparentemente bucólicas y que, sobre todo, niega el hecho principal: la parte inherente de negatividad de la realidad que imposibilita a una mayoría la eventualidad de poder, casi con un acto de fe, ajustar sus deseos a sus actos. En cuanto se prescinde de esto, lo que nos queda no son «utopías realistas», sino colecciones de preceptos insustanciales, baratos y con falsos aires alternativos, que son el principal alimento de las revistas de decoración o de salud.

¿Cómo debería ser una filosofía política en plena sintonía con nuestros tiempos? Un proyecto que, a la luz de ciertos *impasses* del pasado y peculiaridades del presente, rechaza cualquier inclinación nostálgica, cualquier especulación abstracta y pretende estar en sintonía con las experiencias vividas. Para ello privilegia un *enfoque estratégico*, definiendo un registro variado de posturas que pretenden, en cada ocasión, defender principios que se consideran intocables. No sería tanto una caja de herramientas —según la famosa expresión de Michel Foucault, tantas veces repetida— de la que cada uno podría extraer a su antojo elementos con fines principalmente teóricos, como una especie de juego de Lego. Es decir, un mecanismo destinado a ser manipulado libremente, que invita a dar prueba de una comprensión sostenida de las situaciones, y a elaborar una infinidad de figuras impulsadas por objetivos tanto de desmantelamiento como constructivos, a fin de establecer, paso a paso y a distintas escalas, marcos de vida más acordes con nuestras aspiraciones.

Este libro es la continuación de *La era del individuo tirano*,[9] que analiza el choque deletéreo entre el hecho de imaginarnos más independientes equipados con nuestras prótesis digitales y un momento de la historia marcado por desengaños sucesivos, que han engendrado conjuntamente la desvinculación de muchos del orden común, la atomización creciente de la sociedad y un estado de crispación generalizado que conlleva peligros temibles. Desde su publicación, me han preguntado a menudo: «Entonces, ¿qué hacemos?». En una ocasión en que un aduanero le preguntó a Ivan Illich cuál era su profesión, este respondió: «Soy escritor público». Con un espíritu análogo, me convierto aquí no en «escritor público», sino más bien en presentador, es decir, en la figura que en la pintura renacentista mira de frente al espectador y realiza una operación deíctica, indicando con un gesto la escena decisiva, y a veces bastante oculta, que ha de atraer nuestra atención. En este caso la que, en el cuadro variopinto y borroso de nuestro tiempo, se centra en cuestiones tan cruciales que conminan a la conciencia de cada uno a superar el estatus de simple espectador para penetrar en él con pleno derecho —y en algunos casos por la fuerza—, a fin de erigirnos en actores del teatro de nuestro mundo, plasmando así este pensamiento luminoso de Tolstói: «No es el poder, ni la actividad intelectual, ni siquiera la unión de uno y otro, como piensan los historiadores, lo que produce el movimiento de los pueblos, sino la actividad de TODOS los hombres que toman parte en el acontecimiento».[10]

9   Éric Sadin, *La era del individuo tirano. El fin de un mundo común* [2020] trad. de Margarita Martínez, Buenos Aires, Caja Negra, 2022.
10   Liev N. Tolstói, *Guerra y Paz*, trad. de Lydia Kúper, Barcelona, Planeta, 2021, Epílogo, 2.ª parte, cap. VII, p. 1738.

I. LA SOCIEDAD ANÓNIMA

I. EL PROCESO DE DESPERSONALIZACIÓN

Cuerpos jóvenes y llenos de energía disfrutan de un paseo en kayak por un río salpicado de inofensivas cascadas. Otros, aferrados a sus bicicletas de montaña, recorren bosques, o se entregan a la emoción de la escalada en paredes poco empinadas. Y otros, con trenzas en el pelo, en un ambiente poshippie, juegan al bádminton sobre un fondo de campos de girasoles y se ofrecen chicles entre sonrisas resplandecientes. Una luz de atardecer de verano, rojiza y suave, como de *happy hour* permanente, envuelve estas escenas. Todos parecen entusiasmados con el momento presente, pero sin excesos, con un toque de marginalidad, hecha de energía, de proximidad a la naturaleza y de una feliz convivencia. Cada uno de estos anuncios publicitarios acaba con las mismas palabras entonadas con alborozo: «Frescura de vivir, toma la vida como viene / Para vivir feliz, Hollywood chewing-gum».

Con un espíritu similar, impregnado de hedonismo y de armonía, unos individuos danzan en coro en una playa del Pacífico, disfrutando de la frescura y de la tonicidad proporcionadas por las latas de Coca-Cola que sostienen en las manos. Al pie del Golden Gate Bridge de San Francisco, unas personas se contonean sobre sus patines, equipadas con milagrosos Walkman, que permiten una escucha musical individual y móvil inédita, y ejecutan con los auriculares puestos un ballet improvisado hecho de gestos cómplices. Terminamos ese alegre cuadro con el *cowboy*, que en el fascinante «Marlboro Country», tierra de una libertad primitiva, se dedica a adiestrar un potro que parece indomable con una mezcla de autoridad y cariño. Una especie de Henry David Thoreau de los tiempos modernos y de los grandes espacios, que se reúne al anochecer con los camaradas en torno a la hoguera y conversa con ellos con un cigarrillo entre los labios. Hacia los años ochenta estuvo en boga cierta imaginería publicitaria que, a diferencia de la de las décadas anteriores que ensalzaba las maravillas de la técnica y del confort doméstico, pretendía exaltar el imaginario de una plena autonomía conquistada, tejida con vínculos fraternales entre las personas.

Es como si el régimen del simulacro, teorizado en su momento por Jean Baudrillard,[1] al adoptar la forma de una fantasmagoría publicitaria adquiriera la fuerza de verdad conminatoria. Multitudes intentando adaptarse a él, lo que se puso de manifiesto en el auge del turismo de masas, mucho menos espontáneo, y en la práctica de deportes de riesgo —el parapente o el ala delta, por ejemplo— muy de moda en la época. Y todo ello para experimentar la sensación de disfrutar de una mayor libertad de acción y de comprobar —más allá de las apariencias tal vez engañosas de la vida diaria— que ese *ethos* encarnaba por fin la realidad rutilante de la época. Pero se debería haber radiografiado inmediatamente ese simulacro para captar lo que asomaba bajo la apariencia de todas estas representaciones: *una multitud de seres como aprisionados en corsés imperceptibles, trabajando en jaulas de cristal hábilmente dispuestas.*

---

1   Cf. Jean Baudrillard, *Simulacres et Simulation*, París, Galilée, 1981.

Era el momento en que, debido a la combinación simultánea de creación de grandes grupos industriales, de intensificación de la mundialización y, más en general, de una tendencia a la mayor eficacia en todos los campos, se pusieron en marcha procesos para evaluar los métodos de funcionamiento de empresas competidoras que obtenían mejores resultados, a fin de llevar a cabo una «evaluación comparativa» que podía resultar instructiva.

Como ocurrió con el fabricante de impresoras estadounidense Xerox, que, a principios de los años ochenta, pasaba por grandes dificultades, mientras sus homólogos japoneses conseguían comercializar productos de calidad superior y a menor precio. Lo que se hizo fue ir a observar de cerca ciertos métodos para inspirarse tal vez en aquellos que demostraban ser más eficientes. Así nació el *benchmarking*, conjunto de técnicas que rápidamente se fueron sofisticando, deducidas de comparaciones sistemáticas para definir protocolos que había que adoptar internamente. Estas fórmulas fueron rigiendo progresivamente la actuación en muchos ámbitos: lógicas de innovación, organización de la producción y de la logística, modalidades de relación con los clientes y de fidelización… Más tarde, en la mayoría de los países, se extendieron a los servicios públicos: administración, hospitales, policía, justicia, universidades, escuelas.

Estas prácticas, instauradas sin haber sido acordadas y convertidas muy pronto en la regla de oro en la gestión de colectivos humanos, tuvieron tres consecuencias importantes. En primer lugar, un factor externo adquiere el valor de referencia normativa y produce el efecto insidioso de una desvalorización simbólica de los usos hasta entonces vigentes. En segundo lugar, las personas y los equipos deben responder a «contratos de objetivos» y quedan *in fine* reducidos, sean cuales sean sus cualificaciones o competencias, a meros ejecutores de tareas más o menos complejas determinadas por adelantado. En tercer lugar, se establece un seguimiento continuo, ya que los planes acordados están basados en un calendario marcado por etapas sucesivas, cuyo cumplimiento en el plazo previsto se comprobará periódicamente, y también se evaluará el nivel de calidad de la realización de cada una de ellas.

Ese nuevo espíritu de gerencia ha engendrado en un número creciente de individuos la experiencia desconcertante, y a veces traumatizante, de no verse reconocidos por lo que son personalmente, de no ser más que engranajes indistintos en el seno de grandes mecanismos impersonales, que han hecho emerger lo que hay que llamar un «taylorismo de masas en el sector terciario». Métodos que han provocado, a escala subjetiva, la escisión entre uno y uno mismo, entre la amplitud de las facultades y el registro prescrito y restringido de acciones que hay que realizar. Pero que también han provocado fenómenos insidiosos de separación entre las personas, ya que cada uno —en todos los niveles de jerarquía, desde los administrativos hasta los ejecutivos y las unidades de dirección— es conminado a garantizar la mejor gestión de su propio plan, impidiendo toda relación abierta e improvisada con otro, así como la posibilidad de considerar las cosas al margen del marco estricto fijado inicialmente. Se han ido formando una especie de burbujas individuales que han contribuido a crear una inquietante sensación de aislamiento en el seno de colectivos humanos, transmutados en «comunidades fantasma», a las que la generalización de los *open spaces* da forma y visibilidad.

Procesos que han tenido el efecto añadido de banalizar el dogma de la intercambiabilidad de las personas, puesto que si la prioridad no es tanto aportar la propia contribución como acomodarse perfectamente a objetivos previamente definidos, entonces cualquiera, en teoría, en el mismo ámbito de competencia, equivale a cualquiera. Cada persona es reducida a un ser sin cualidad. Es como si una gran parte del mundo del trabajo, que constituye una dimensión esencial de la sociedad, reprimiera —en la base— su dinámica interna, hecha de la expresión singular y libre de sus miembros y de su interacción rica e ininterrumpida. Y esto se hace bajo la apariencia de un entorno falsamente creativo y casi comunitario, que invita a «expresar el propio talento», a dar rienda suelta al «sentido colaborativo» y a cultivar una «inteligencia colectiva», según un léxico creado para enmascarar las realidades y representarlas con un sentido completamente opuesto. Toda una concepción de la empresa, que se ha impuesto masivamente, ha amordazado las facultades de sus fuerzas e instituido, de forma más o menos explícita, un régimen de heteronomía, que consiste en depender de normas externas y tener que cumplirlas.

O sea, una situación de antidemocracia en el seno mismo de regímenes supuestamente democráticos, que contribuye por extensión a desvitalizar nuestra condición política, a normalizar el principio de ser reducido al rango de meros espectadores de un mundo que, en última instancia, surge de fuerzas que nos son ajenas. *Ethos* que ha ido imponiéndose y cuyo precio pagamos hoy de un modo u otro. Si nos fijamos bien, esos procesos son una materialización, dos siglos más tarde, de la visión apolítica sostenida por Adam Smith, que había considerado la sociedad de mercado como la institución principal, e invisible, organizadora de los asuntos de la Ciudad. En este sentido fue el primer teórico sistemático del declive de la política al defender el axioma de la autorregulación, es decir, que los intereses objetivos —como si estuviesen situados en una esfera que domina la vida de los humanos— acaban siempre por armonizarse idealmente, en detrimento de las intenciones subjetivas inevitablemente proclives a producir desorden.

Si bien todos estos programas estaban articulados hacia el futuro y las energías debían tender, mal que bien, a su correcta realización, hacia la década de 2010 una «innovación» técnico gerencial sin precedentes históricos iba a dar una dimensión completamente diferente a estas prácticas. Se concibieron sistemas para transmitir a los agentes, de manera automática, señales con valor de órdenes que debían ejecutarse de inmediato. Casi de la noche a la mañana surgió un mundo desconocido en la administración de las conductas, en el que se veían cuerpos y espíritus teledirigidos por impulsos eléctricos que les privaban como nunca antes, o tal vez solo en tiempos de la esclavitud, de toda autonomía, integridad y dignidad. La causa fue la introducción de dispositivos técnicos que al principio, debido al encanto de su insolente novedad y de su innegable eficacia, habían sido celebrados por los dirigentes políticos de turno, antes de convertirse ahora en objeto de su indiferencia y, sin embargo, constituyen uno de los problemas políticos más importantes de nuestra época.

2. EL PODER POLÍTICO DEL TIEMPO REAL

Una nueva temporalidad ha surgido en nuestras vidas. A las tres modalidades que condicionan nuestra experiencia, pasado, presente y futuro, se ha añadido una cuarta: *el tiempo real*. En principio, el término designaba un proceso informático, a saber, las operaciones efectuadas por un sistema y que finalizan casi instantáneamente. Por ejemplo, al pulsar la tecla de una letra en un teclado se desencadena una serie de cálculos efectuados a tal velocidad que aparece en la pantalla inmediatamente o, para ser más exactos, con un retraso imperceptible. En este sentido, da nombre a un principio técnico distinto del directo, ya que este remite a un proceso de comunicación, la retransmisión de un programa radiofónico o televisivo en el momento mismo en que se desarrolla. Con la creciente sofisticación de los procesadores, esta dimensión se extendió luego a la utilización de muchos dispositivos digitales, antes de ser consustancial a la inteligencia artificial, que hoy tiene atribuidas dos grandes misiones: *la evaluación de situaciones y la emisión de instrucciones*. Respecto a la primera, mencionaremos, a modo de ejemplo, la identificación de la identidad de un individuo mediante una cámara de vigilancia, o el análisis de una imagen radiológica. Y respecto a la segunda, la recomendación de seguir un itinerario u otro en función del estado del tráfico, o la transmisión de señales a los trabajadores de los almacenes de logística, ordenándoles retirar determinado artículo y a un determinado ritmo antes de depositarlo en un determinado lugar. El tiempo real, destinado inicialmente a facilitar usos, se aplica ahora a un conocimiento automatizado e inmediato de un número creciente de fenómenos, así como a la consiguiente formulación de consignas que hay que ejecutar prácticamente de inmediato.

La característica del *benchmarking*, y de todas las técnicas de él derivadas, es que enuncia en presente los objetivos que hay que alcanzar y en futuro las acciones que hay que realizar. Subsisten, por tanto, *de facto* márgenes de incertidumbre respecto a su correcto cumplimiento, ya que se sabe que siempre pueden surgir imprevistos y fallos en el tiempo transcurrido entre la definición de un programa y su finalización. Pero también permite, implícitamente, una libertad de maniobra, es decir, algunos ardides para librarse de ciertas imposiciones. Con la extensión, a principios de la década de 2010, de las dos funciones de la evaluación en tiempo real y de la formulación automatizada de órdenes, lo que se ha abolido en teoría son esas posibilidades de desorden y de inercia. De un marco que mezcla técnicas y actividades humanas, caracterizado inevitablemente por la indeterminación, se pasa a una forma de organización cuyo núcleo son sistemas dotados de la facultad de evaluar toda clase de situaciones y de dictar en consecuencia a las personas las acciones que deben realizar, por lo general de forma inmediata y en un plazo determinado. El tiempo real, que en principio era un elemento de comodidad en el uso de instrumentos digitales, medio siglo más tarde ha acabado generalizando el hecho de que robots computacionales indiquen a los humanos, en función de las circunstancias del momento, los comportamientos que se considera que deben adoptar.

2. El poder político del tiempo real

A mediados de la década pasada, en el momento en que la economía de los datos y de las plataformas era celebrada en todas partes, se desató una ola de pánico. Pues aunque supuestamente estaba trayendo un «mundo nuevo», comenzaban a advertirse algunos daños ocasionados al «viejo», que repentinamente dejaban en mal lugar todas las palabras embellecedoras pronunciadas hasta entonces casi sin oposición. Lo atestiguaba un neologismo, la *uberización*, que designaba lógicas recientes deliberadamente disruptivas, preconizadas por hordas de jóvenes lobos sin vergüenza, deseosos de borrar el pasado y de erradicar cualquier lastre. Algunos se lamentaban del peligro que corrían, de la noche a la mañana y sin haber consultado a las personas directamente afectadas, profesiones sólidamente establecidas y posiciones adquiridas, cuya total inconsecuencia pretendía revelar arrogantemente ese «tecnoliberalismo» triunfante. Pero ese término, que en su origen remitía a las prácticas iniciadas por la *startup* Uber, creada en 2009, de poner VTC a disposición de particulares y que, por extensión, pasó a designar el poder devastador de la «innovación digital», solo se utilizaba para subrayar el debilitamiento de diferentes modelos históricos, aunque ocultaba una dimensión igualmente decisiva: *la instauración de formas de gestión sometidas a la ley del tiempo real, que utilizan instrucciones transmitidas en el mismo momento y cuyas operaciones están sometidas continuamente a evaluación.*

Más allá de los conductores de vehículos, se ha consolidado una nueva concepción de la organización del trabajo, que se ha extendido de forma rápida y bastante insidiosa a muchos sectores de actividades: logística, paquetería, gestión de ciertas categorías de personal en megaestructuras como aeropuertos, estaciones o parques de atracciones. La característica de esas modalidades, de las que solo estamos viviendo los inicios, es que provocan una robotización tácita de los gestos, marcados por ecuaciones de contenido impenetrable, que imponen ritmos insostenibles y un seguimiento constante. El tiempo real, en la medida en que ya no corresponde solamente a mecanismos de facilidad funcional asegurados por procesadores, sino que ahora estructura sistemas dotados del poder de imponer actos a personas obligadas a adaptarse de la mejor manera posible y sin demora, adquiere el estatus de un *poder político inédito*.

Esos procesos se basan de nuevo en un dispositivo que no se utiliza únicamente para acceder a la información, sino que adquiere ya otra dimensión, la de una instancia destinada a dirigir las conductas: la *pantalla*. O mejor dicho las pantallas, en plural, la del ordenador y, más aún en sus nuevas atribuciones, las del *smartphone* y la tableta. Esas superficies de píxeles se utilizan ahora para transmitir toda clase de encargos. Por ejemplo, a un conductor de VTC o a un repartidor se les indica una carrera o un destino al que deben dirigirse, o a los operarios que trabajan en almacenes de logística las operaciones que han de efectuar. La pantalla se utiliza ahora mayoritariamente como interfaz entre los que imparten órdenes y los que deben cumplirlas. Es importante captar las dimensiones de impersonalización y de despersonalización que eso comporta. En primer lugar, porque prácticamente todos los mensajes están automatizados, carecen de firma autorizada, y son el resultado de operaciones algorítmicas. En segundo lugar, porque cualquiera que tenga la cualificación requerida ha de ser capaz de encargarse de la correcta ejecución de las instrucciones transmitidas, lo que implica tanto una indiferenciación de las personas como el imperativo de realizar los trabajos según criterios que no admiten interpretación. De este modo la pantalla *sirve literal-*

mente de pantalla al diálogo, a la posibilidad de discusión y de negociación, poniendo de manifiesto, en estos casos y como llevada al extremo, la naturaleza del gesto, tan habitual ya en el ámbito profesional, de estar situado *frente a* una pantalla. Es decir, trabajar en solitario —más aún, en una especie de escisión con los demás— de modo que cada uno se remite únicamente a sí mismo y a su exclusiva responsabilidad, en una especie de desnudez inapelable o en la era pixelada, o despersonalizada, de la racionalidad técnico económica.

No existe ninguna normativa que pueda contrarrestar esta situación, ya que no se trata de circunstancias temporales que podrían ser limitadas, sino del advenimiento de una nueva condición civilizadora llamada a depender cada vez más de sistemas de inteligencia artificial. Se trata del impacto mayor y, extrañamente, todavía bastante insospechado, de la injerencia de las tecnologías digitales en la sociedad, y sobre todo en el ámbito del trabajo, causada por una negación de la singularidad y de la integridad de las personas, y que contribuye a generar cada vez más en muchas de ellas desorientación, sensación de invisibilidad y tristeza. Por esta razón la cuestión de la técnica es fundamental, pero no por las inquietudes relativas a la protección de datos personales o al control digital de la población, que se repiten constantemente y requieren nuestra atención. En este aspecto no existe un capitalismo de vigilancia, sino más bien un estado de la técnica capaz de orientar la acción humana hacia diversos fines, y a menudo con nuestro consentimiento. ¿Cuándo seremos plenamente conscientes de ello? ¿Cuándo pasaremos de un miedo limitado solamente al respeto a la vida privada a una preocupación, duramente defendida colectivamente, por oponernos a una regulación automatizada de los comportamientos con fines exclusivamente comerciales y de optimización, y que representa una afrenta a los principios sobre los que nos fundamos?

Vivimos un tiempo en el que está desapareciendo el espacio que nos separa de las cosas. Este hecho se inscribe en la continuidad de una larga historia de la racionalidad basada en la ambición de asegurarse un dominio creciente del desarrollo del mundo, y que ha llegado a su etapa final. Esa ambición se manifiesta ahora en la pretensión de gestionar los fenómenos no solo de forma inmediata y con la mayor eficacia, sino en el instante mismo en que se desarrollan, hasta el punto de querer precederlos y que de este modo se ajusten a nuestra voluntad. El objetivo es no sufrir pérdida alguna y pasar indefinidamente de un hecho a otro. Por esta razón este modo técnico económico de temporalidad se distingue por tener cero fallos y ganancias ininterrumpidas, hasta el punto de que hay que entender la expresión «tiempo real» en su pura literalidad, ya que se utiliza ahora con la intención de identificarse con la realidad, de dejar de estar distanciado de ella y por tanto poder modelarla, de no estar sometido ya a su ley, hasta desear negarla en su naturaleza tan irreductible como imprevisible. Existen dispositivos para este propósito, pero para muchas tareas aún se requieren personas que permitan una ejecución mejor, siguiendo unas lógicas que exigen por su parte un nivel de implicación máxima sin ningún respiro, ya que están sincronizadas a la hiperreactividad de los sistemas. En este sentido, ya no vivimos en una era marcada por la aceleración —característica de un proceso que ha prevalecido desde la posguerra hasta tiempos recientes—, sino de *movilización total*. En un ámbito cada vez más significativo del mundo del trabajo, pero sobre todo en nuestras vidas diarias.

Pues la mayoría de nosotros mantenemos, con distintas variantes, un mismo nivel de proximidad, incluso de fusión, con los flujos del mundo, siguiendo el curso de los acontecimientos, comentándolos casi en el momento en que suceden, conduciendo nuestros vehículos informados del estado del tráfico, o teniendo al alcance de la mano y de manera casi inmediata muchos productos y servicios. Esto nos proporciona satisfacción y comodidad, y hasta nos produce una agradable sensación de poder, mientras alimentamos un *back office* que está sujeto a un tiempo real también implacable. «Creo, decía Michel Foucault, que la decisión ético-política que debemos tomar todos los días es determinar cuál es el principal peligro».[2] Nos encontramos hoy con que si, apoyados en técnicas nuevas, evolucionamos a distintos niveles, en situaciones privadas de posibilidad de maniobra, privadas de aire en cierto modo, eso supone el fin de la política, que precisamente resulta del vacío que existe entre la realidad y nosotros, así como entre los individuos. Lo político permite estimular la reflexión, instaurar la relación, emprender toda clase de acciones, aceptar al diferente, la diferencia y llegar a infinidad de acuerdos.

Como si en un entorno que parece derivar de un dinamismo continuado y extremo, las cosas estuvieran ahora fijas, sin dejar espacio a otros procesos e imponiendo finalmente un orden dominante de contornos casi naturales. El orden forjado por un tecnoliberalismo que ha conseguido aprisionarnos, en distintos niveles, en sus mallas y del que nos resultará difícil salir, puesto que inerva a toda la sociedad y su impacto ha de calificarse en lo sucesivo de *hecho civilizacional total*. Hasta el punto de que cualquier crítica al capitalismo o cualquier aspira-

2   Michel Foucault, «À propos de la généalogie de l'éthique» (1983), en *Dits et Écrits, tome IV, 1980-1988*, París, Gallimard, 1994, p. 386.

ción ecológica resultan vanas si no se afronta este peligro —ese terrible peligro— que en realidad nos exige centrarnos ante todo en el mayor problema de nuestro tiempo: *la cuestión de nuestros modos de vida y de organización en común.* Al tiempo que con la crisis del COVID, y los hábitos adoptados a raíz de ella, esos esquemas están destinados a reforzarse por muchas razones.

Además —y se trata de un hecho nuevo— contribuyen casi en silencio, pero a gran velocidad, a diseñar un reparto sociológico de castas completamente estancas, desde una perspectiva que hasta hace poco se creía definitivamente superada, y que sin embargo ya estructura ahora y en profundidad nuestro presente, o nuestro «mundo de después», para ser más precisos.

3. LA TELESOCIALIZACIÓN GENERALIZADA
O LA GRAN REGRESIÓN

No lo vimos venir. De la noche a la mañana se tomaron medidas que nos obligaban a quedarnos recluidos en nuestros domicilios. Era una experiencia absolutamente inédita. Solo podíamos disfrutar del aire libre en períodos de tiempo limitados y para garantizar estrictamente nuestras necesidades vitales. Algunos se apresuraron a desenvainar la pluma para argumentar, con arrebatos de lirismo bastante ingenuos, que ese *shock* mundial era una oportunidad histórica para realizar un gran *reset*, para apelar, llenos de buena fe, a la construcción de un «mundo de después», que pronto sería inmune a todos los errores del pasado y adornado de contornos luminosos. Dicho de forma más prosaica y rápida, se nos obligó a realizar muchas de nuestras tareas ordinarias exclusivamente en línea. El trabajo, la escuela, la universidad, los intercambios habituales, en resumen, una gran parte de lo que se llama «vida social» se trasladó a píxeles. De todo ello se derivaron tres consecuencias. En primer lugar, una extraordinaria intensificación del uso de nuestros instrumentos conectados. En segundo lugar, la extensión de ese uso a una gran cantidad de actividades, que no parecía razonable que pudieran realizarse de este modo: consultas médicas, consejos de administración, celebración de congresos, ferias comerciales, cumbres de jefes de Estado…, y hasta «aperitivos WhatsApp», entre otros muchos ejemplos.

Por último, se produjo un fenómeno de naturalización, como si en adelante fuera normal realizar todas estas actividades humanas sin una presencia física compartida. Cruzamos bruscamente un umbral, dando testimonio del advenimiento de una nueva condición marcada por una relación con los sistemas digitales cada vez más totalizadora.

Y de forma más solapada se produjo un fenómeno crucial, de alcance antropológico, cuyo significado pleno todavía no podemos captar: la instauración de un nuevo paradigma en las relaciones interpersonales, ya que la pantalla se erigió en la mayor instancia de interferencia en las relaciones. Como si en un abrir y cerrar de ojos se hubiera iniciado una nueva era de la humanidad, en la que nuestras «máscaras de píxeles» asumieran el encargo de hacer viable la medida de «distancia social» exigida por la amenaza del coronavirus. Se puso en marcha un cambio profundo, y todo indica que no se detendrá. Se produjo un brusco borrado de los cuerpos y una mediatización tecnificada entre los individuos destinada a intensificarse regularmente y que pronto adoptaría la apariencia de hecho normal. Los distintos confinamientos no solo fueron un hecho biopolítico debido a nuestro internamiento sanitario obligado, sino que se produjo también un choque psicológico provocado por el hecho de tener que vivir, *ex abrupto*, muchas situaciones a distancia y de experimentar una especie de *telesocialización generalizada*. Sin embargo, nada menos natural que una coyuntura como aquella que nos desconcertó, o prácticamente confirmó en muchos casos un estado latente. El que resulta de las lógicas económicas cada vez más desenfrenadas practicadas durante décadas, que han generado la sensación de no poder confiar más que en nosotros mismos y que han acabado provocando hoy un estado de «aislamiento colectivo».

También se impusieron inmediatamente algunos términos procedentes de un neolenguaje muy oportunista, que califica la presencia en común de «presencial», que convendría ahora articular o sustituir —casi sin consecuencias— por «distancial», de acuerdo con una retórica que permite suponer que ese movimiento se inscribe en el orden banalizado de las cosas. Los grandes grupos y consultorías se han alegrado de esa circunstancia y han sabido sacar un provecho inmediato de las catástrofes, ya que han visto esta crisis como la formidable oportunidad histórica de acelerar la «transformación digital» de las empresas, según un dogma imperante desde mediados de la década de 2000, basado en la oferta de «soluciones» cada vez más optimizadas y con la ventaja de permitir una reducción regular del número de empleados. Desde el principio de la epidemia se vio claro que la solidez de la infraestructura de las redes y la capacidad del personal para utilizar correctamente las herramientas de comunicación —en especial las plataformas que permiten celebrar reuniones *online*, como Zoom, por ejemplo— podían resultar más decisivas que la calidad de un lugar y el hecho de realizar el trabajo en espacios compartidos.

Esta constatación constituye una ruptura conceptual. ¿Por qué razón habría que mantener ciertas modalidades cuando estos procedimientos están demostrando constantemente su eficacia y la situación exige más que nunca una reducción de costes? Y por eso Mark Zuckerberg enseguida anunció que los trabajadores de Facebook que lo desearan podrían teletrabajar de forma permanente, y otras empresas tienen la intención de extender estas prácticas. Como la aseguradora Allianz, que alienta la experiencia del *home office* o, de manera más radical aún, el *Daily News*, que en julio de 2020 decidió vender sus oficinas de Manhattan para «convertirse en un periódico sin redacción física». Se trata de un poderoso movimiento que está en marcha y sobre el que la consultora McKinsey afirmó en un informe, con un entusiasmo no disimulado, que «es posible imaginar un mundo económico —desde las fábricas hasta los consumidores individuales— en que los contactos humanos están minimizados», refiriéndose sobre todo a las teleconsultas médicas.[3]

En plena pandemia se produce, a gran velocidad y de forma más o menos manifiesta, una redefinición del mapa social, que contempla la formación de tres grandes categorías, perfectamente distinguidas y casi estancas. La primera, a la que llamaremos «clase *premium*», está compuesta por altos ejecutivos, algunas profesiones liberales, independientes de gama alta que tienen ingresos elevados y cuyas actividades pueden adaptarse fácilmente al teletrabajo, y eso los lleva a huir de las grandes ciudades e instalarse en ciudades de provincias pequeñas o medianas, o en el campo. A estas personas se les ofrece la perspectiva de una mejor calidad de vida, con una disponibilidad mayor, aire puro, niños que disfrutan de los placeres de la naturaleza y verduras y frutas cultivadas en sus jardines. Surgen formas de vida que se asemejan a imágenes de postales años 2020, en las que aparecen personas que trabajan frente a sus pantallas detrás de un gran ventanal, que se reúnen en familia o con amigos para pasar la velada frente a la chimenea o para hacer barbacoas cuando llega el buen tiempo. Según el humor y las circunstancias, se alternan las compras en el mercado en busca de productos locales y las compras *online* en todas partes. Y de vez en cuando, hay que realizar algunos desplazamientos profesionales, en tren de alta velocidad o en coche, preferentemente eléctrico, para dirigirse a las sedes de las empresas, o

---

3   Marie Charrel, «Avec le coronavirus, bienvenue dans un monde sans contact», *Le Monde*, 23 de septiembre de 2020.

a lo que queda de ellas, o a congresos «presenciales», cada vez más raros. Las consecuencias de la crisis del COVID permiten a las capas más favorecidas hacer realidad los sueños de una «vida de artista», que hasta entonces las circunstancias habían obligado a rechazar. La industria de la tecnología digital ofrece todas las herramientas necesarias para disfrutar sin restricciones de esas aventuras «auténticas», casi «alternativas». Aunque con la paradoja de que producirán más «huella de carbono», como se dice hoy, provocada por una constante conexión a la red, bastante contraria al deseo de la mayoría, para la que la ecología representa el «gran combate» en versión desechos reciclados o tuits furibundos denunciando la «inercia de los políticos», mientras uno está tumbado en el sofá, por ejemplo.

La segunda categoría, o «clase eco», en todos los sentidos del término, agrupa a aquellas y a aquellos que están sometidos a un doble régimen, que alternan con regularidad el trabajo realizado en la sede de la empresa y el realizado en el domicilio. La característica de esta configuración es que está destinada a originar una serie de incidencias que harán más difíciles y desconcertantes las condiciones de la práctica de determinados trabajos. En primer lugar se produce una intensificación de la penetración de los asuntos profesionales en los espacios privados, que oficiosamente ya existía desde la digitalización de las prácticas y el uso creciente de los correos electrónicos. Una colisión perturbadora susceptible de generar un nuevo tipo de *burnout*. La salud laboral trasladada parcialmente al interior de las viviendas. También se instauran solapadamente procedimientos de control que producen «efectos de zoom» sobre los comportamientos. Como la «telepantalla» de la novela *1984* de Orwell, pero en versión años 2000, que permite comprobar en tiempo real si una persona trabaja bien, cuantificar el nivel de atención y de reactividad, y requerirla en cualquier momento. Se produce así forzosamente una interiorización del seguimiento de sus gestos, semejante a los métodos utilizados en los centros de llamadas, donde los teleoperadores son sometidos a una evaluación continua a través de las herramientas utilizadas, con una pretensión culminada de gestión ultraoptimizada extendida ahora a muchos trabajos. Esta situación contribuirá aún más a la caída del trabajo asalariado y a la extensión, como consecuencia, del trabajo por cuenta propia. Puesto que la pandemia ha revelado hasta qué punto una infinidad de actividades pueden realizarse a distancia, el principio de la externalización de un número creciente de actividades tiende a generalizarse. Se multiplican los contratos por obra y servicio, independientemente de la ubicación, que provocan un aumento repentino de la precariedad, así como una competencia distorsionada entre las personas a escala mundial. Se perfila, de ahora en adelante, una nueva secuencia de la mundialización —la de los servicios— establecida sobre bases tan injustas como la anterior, iniciada en los años ochenta, que entonces era sobre todo de carácter manufacturero.

Por último, la tercera clase, que podríamos llamar la «legión enmascarada», está constituida por una multitud de machacas que han de acudir en persona a los distintos lugares donde se supone que trabajan. Esta legión se distribuye en dos grandes divisiones. Una primera que trabaja a la vista de todos, pero sin ninguna atención social: trabajos subalternos de la hostelería, cajeros, chóferes de ambulancia, enfermeros, personal de mantenimiento, conductores, repartidores... La otra, que se activa en la sombra, ya que nunca vemos su trabajo, que se desarrolla como en un *back office*. En primera fila de esta segunda división se encuentra la mano de obra logística que trabaja en el sector del «comercio electrónico», especialmente en los gigantescos almacenes de Amazon. Ambas divisiones forman batallones compuestos principalmente de trabajadores temporales, que no tienen más escapatoria que soportar trayectos cotidianos extenuantes, ritmos infernales impuestos por algoritmos y trastornos musculoesqueléticos y psicológicos, a cambio de unos empleos remunerados con el sueldo mínimo, poco gratificantes y sin ningún reconocimiento. Durante los diferentes confinamientos hemos descubierto de repente que son todas estas y todos estos trabajadores los que nos aseguran hoy, aunque de manera encubierta, el buen funcionamiento de gran parte de nuestra vida diaria.

Se construye insidiosamente una sociedad organizada en tres niveles superpuestos, ocupado cada uno de ellos por una categoría de individuos. En la parte inferior se encuentra el asignado a hacer viable la vida de los otros dos. En medio, una multitud de gente anónima encargada de garantizar la buena administración general de las cosas. En la cima, los individuos que se mueven con unos márgenes de autonomía más o menos amplios y tienen unos ingresos elevados. Es decir, un macrocosmos variopinto y como situado simbólicamente al margen del resto del mundo, constituido entre otros por ejecutivos y altos cargos de multinacionales, del mundo de la innovación, de la consultoría, del derecho, por periodistas dependientes de grandes medios, por actores culturales, arquitectos, diseñadores, artistas que negocian obras «de seis o siete cifras»… Se instaura un reparto social compuesto de castas, término que hay que entender en su significado original, procedente de la cultura india, como «división hereditaria de la sociedad en principio rigurosamente cerrada en su organización, usos y derechos, y cuya distinción jerárquica está determinada generalmente por el tipo de actividad».[4] Pero también en su dimensión entomológica: «En algunas sociedades de abejas, hormigas, termitas, grupos de individuos especializados en una función (reina, obrera, soldado, etc.)».[5] Lo que destacan ambas definiciones es exactamente aquello con lo que empezamos a enfrentarnos: *una distribución, rigurosamente delimitada, de clases, impermeables entre sí y sin embargo interdependientes.* Se instaura una estructura semejante a un orden feudal o basada en patrones tanto físicos como simbólicos, que no habíamos visto aparecer desde la Revolución industrial y el consiguiente desarrollo, en las capitales o grandes ciudades, de barrios burgueses y obreros expresamente compartimentados. O más recientemente, en las décadas de 1990 y 2000, y en sentido completamente distinto, la construcción de *gated communities* (urbanizaciones cerradas), que surgen de una separación topográfica radical entre conjuntos heterogéneos de población.

La característica de esas reconfiguraciones, inducidas en gran parte por la creciente digitalización de nuestras vidas y que la crisis del COVID ha intensificado bruscamente, es que proceden de una regresión social, jurídica y civilizacional, ya que en realidad están fuera del campo de acción de la política institucional. Algunos, en primer lugar las grandes consultorías como Accenture, alegarán la oportuna llegada de nuevas prácticas «que ofrecen un abanico infinito de oportunidades», según la manida neolengua, mientras que los representantes públicos anuncian a bombo y platillo que desean «acompañarlos y asistirlos» mediante leyes «apropiadas», con una actitud que no hace más que ratificar esta cartografía y dotarla de un aspecto aceptable. Ahora bien, en contraste con esos sempiter-

4 Cf. www.cnrtl.fr/lexicographie/caste.
5 *Ibid.*

nos juegos de prestidigitación retórica y esas representaciones sesgadas, existe una organización de la sociedad profundamente desigual, que sufre en su conjunto y es más rígida que nunca, lo que hace difícil —en los términos actuales— y hasta imposible cualquier movimiento contrario o divergente.

Todo incita a reforzar estas estructuras, debido a la combinación de poderes económicos, de innovaciones técnicas y también, según la situación y las circunstancias de cada uno, de nuestra participación involuntaria o voluntaria en esta dinámica que ya forma parte de nuestra vida diaria, hasta el punto de sugerir que es un orden inevitable. Pero con la paradoja de que se impone de forma masiva y sin necesidad de forzar demasiado, ya que resulta en buena parte de nuestra implicación, aunque representa la forma renovada y altamente sofisticada de un modelo económico y social vigente desde hace décadas, del que ahora sabemos que es absolutamente nocivo, que ha causado demasiados estragos y que por ello está siendo denunciado en todas partes. ¿Cómo llamar a esto sino un dramático *impasse* político y civilizacional? En un momento en que muchos discursos, cargados de buena fe y a menudo de ingenuidad, invitan a «construir un mundo mejor», cuando en realidad la idea de materializar esos deseos depende ante todo de nuestra capacidad de crear importantes grietas en esta sociedad compartimentada, incluso de socavar sus cimientos.

4. TENER VEINTE AÑOS EN 2020

«Es duro tener veinte años en 2020», declaró el 14 de octubre de 2020 Emmanuel Macron, presidente de la República francesa, en una entrevista en televisión dedicada a la crisis del COVID. «Son los que están viviendo un sacrificio terrible. Exámenes cancelados, angustia por la formación, angustia por encontrar el primer trabajo». Lo que tuvieron que aguantar durante la interminable pandemia los jóvenes de una determinada edad, los que empezaban o seguían estudios superiores, o ingresaban en el «mercado de trabajo», es una vida hecha de una sustancia más frágil y más incierta que nunca. Muchos vivieron ante todo la imposibilidad de asistir a clases, o la necesidad de practicar el teletrabajo ya en sus primeras prácticas o empleo. El espectáculo de un mosaico de rostros expuestos en una pantalla, como encerrados en urnas de cristal, se convirtió de la noche a la mañana en el marco diario de la experiencia. Una situación inédita que pronto generó una sensación de aislamiento por no poder compartir físicamente momentos de relación, conocer gente, trabar relaciones de amistad o amorosas con nuevas personas. Esta coyuntura obligó a cada individuo, según sus medios, su entorno familiar y su temperamento, a arreglárselas como pudo, a veces sin un apoyo directo, cosa que provocó una responsabilización personal extrema y la sensación turbadora de hallarse como apartado del resto del mundo. Estado de desconcierto que en una mayoría de jóvenes se añadió a las dificultades económicas, a la necesidad de sobrevivir con poco, debido a la penuria económica de los propios padres y a la incapacidad de conciliar estudios y «pequeños trabajos», como ocurre a menudo. Multitud de jóvenes, en muchos países, empezaron a frecuentar los bancos de alimentos.

Esos traumas personales entraron en colisión con un ambiente general tremendamente angustioso, marcado por la confusión y la ausencia de control, pero también cargado de nuevas imposiciones que limitaban el radio de los desplazamientos, por ejemplo, y favorecían aún más la intensificación de los procedimientos de control. La vida puesta bajo una campana de vidrio, como en algunas obras de Samuel Beckett, aquellas que representan experiencias individuales enfrentadas al absurdo y a la soledad de su condición, y que parecen adquirir ya una resonancia colectiva: «Nuestra juventud se resume en esperar. Nunca me he sentido tan sola» (Cécilia, 20 años, Montpellier, *Le Monde*, 16 de diciembre de 2020). Realidad desprovista de sentido —y de aliento— que propicia el nacimiento de una pertenencia generacional común, aunque solo sea porque está marcada con el distintivo trágico de la desunión, de la inutilidad personal y de la angustia: «A mi alrededor solo hay deprimidos / los veo a todos en mi perímetro / y tus palabras son caducas», recita el rapero RDK en un fragmento que data de diciembre de 2020, titulado *Autour de moi*. Todo esto sobre un fondo de estadísticas diarias de fallecimientos, un imaginario omnipresente de catástrofe y muerte, que contribuyó con toda seguridad al aumento sensible y documentado de trastornos psiquiátricos, de consumo de ansiolíticos y de suicidios. La despreocupación, la libertad de movimientos, el placer de estar con los demás y de salir de fiesta, esos elementos indispensables para un buen equilibrio mental y también para darle cierto sabor a la vida, sobre todo en ese tiempo tan vital de la juventud, parecieron eclipsarse. Más que una desconexión escolar o universitaria, de la que se ha hablado a menudo, se habría producido solapadamente una *desconexión existencial*. De ahí que lo que daba a entender Emmanuel Macron en esta entrevista, a saber, que se trataba de una situación coyuntural, que bastaría aplicar algunas medidas de apoyo y esperar el fin de la catástrofe para que llegaran tiempos mejores, ocultaba el hecho principal, especialmente revelado y acentuado por la crisis. En realidad, esa situación debía entenderse como la culminación de un movimiento, que viene de lejos, de jóvenes enfrentados a un empeoramiento continuado de sus condiciones de vida, hasta el punto de que la desolación y la falta de empleo constituyen los elementos casi naturales del paisaje en el que se mueven.

Todos esos jóvenes, año tras año, se han enfrentado a lógicas de exceso de alumnos en la escuela pública y en la universidad, a una educación hiperformateada, sometida enteramente a la ley del rendimiento y de la competición y concebida sobre todo con una finalidad funcional, que invita a decidirse muy pronto por una vida que ha de estar totalmente planificada. Y esto supone pasar, un día u otro, por la prueba cada vez más humillante y traumatizante de «buscar un empleo». Cada solicitud se presenta hoy junto a otras cientos o hasta miles, como si fuera un juego de azar, de modo que uno tiene la impresión de ser una unidad indiferenciada. Y a menudo se trata de empleos que ofrecen poco interés, *bullshit jobs*, según la expresión de David Graeber,[6] dado que la mayoría, en el

6 Cf. David Graeber, *Trabajos de mierda*, trad. de Iván Barbeitos García, Barcelona, Ariel, 2018.

fondo, tiene otros deseos que considera bastante irrealizables, lo que crea una impresión de frustración, de fatalidad y de negación de la propia identidad. Ese movimiento de impersonalización se acentúa con la práctica creciente de la contratación automatizada por medio de algoritmos, que provoca una enorme homogeneización de los criterios de selección y también, como consecuencia, la adopción de posturas conformistas y, cabe suponer, una mayor docilidad.

En realidad, «tener veinte años en los años 2020» podría ser el nombre de un primer pico generacional que sufriría duramente, y casi sin ninguna protección, las consecuencias de decisiones económicas y políticas cada vez más salvajes practicadas durante décadas. Aquellas que han desembocado en la generalización de métodos degradantes en el mundo del trabajo, en la celebración de la ideología del autoemprendimiento —como supuesto medio de «éxito personal», o más exactamente de supervivencia—, en un paro crónico, en el agravamiento de las desigualdades y en el retroceso del principio de la solidaridad y de los servicios públicos. Siguiendo una dinámica que habrá acabado agotando a la mayoría de los cuerpos y mentes. En principio, los de individuos convertidos en padres, cuyos hijos habrían sido testigos desde su nacimiento de estas vidas limitadas, a veces destrozadas, y cuyas condiciones revivirían al acabar la adolescencia. Esta vez en su propia carne, pero con medidas tan intensificadas que acabarían suponiendo que no se trata solo de condiciones de vida normales, sino destinadas a empeorar invariablemente.

Sería —precisamente en el momento en que se alcanza el estado de la madurez, movido por muchas aspiraciones y por la audacia— como el brusco retorno a una vida desnuda, a una primera infancia, en la que cada uno siente que ha sido devuelto a un estado de extrema vulnerabilidad y sumergido en un medio hostil. De modo que no solo legaríamos a nuestros descendientes un planeta devastado, sino también una sociedad sufriente, llena de heridas abiertas y que emite por doquier sollozos más o menos contenidos. Y los responsables somos nosotros, padres, abuelos, adultos que no formamos parte de esta generación. En lugar de un mundo que puede ser felizmente transformado por la llegada de los recién nacidos, como decía Hannah Arendt, en lugar de haberles dejado la libertad de desarrollar otros imaginarios y de poner la primera piedra de formas de vida discrepantes, es como si en adelante dominara un horizonte situado en el extremo opuesto, el heideggeriano de la muerte, porque impide toda perspectiva divergente.

Según este criterio, y como compensación, aunque llevado a un nivel tan extremo como lo es su desorientación, deben entenderse los fenómenos de consumo bulímico de los sistemas digitales a los que se entregan los *digital natives*, los nacidos en torno al cambio de milenio. El uso descontrolado de pantallas, de aplicaciones de exhibición personal, el visionado de vídeos de todo tipo, que tiene un valor catártico y da la sensación de que gracias a todas estas técnicas uno puede por fin llevar su vida más o menos como le plazca. No obstante, es probable que de vez en cuando surjan sentimientos de malestar, debido a que las relaciones con los demás, y también con la realidad, tienen lugar a través de píxeles. ¿Cómo calificar ese *ethos* sino como el hecho de moverse continuamente en una vía sin salida, de ser los herederos de una situación sin horizonte alguno y que pesa a cada instante? Sin embargo, no solo triunfan la apatía o la escapatoria hacia distracciones ingeniosamente concebidas por una determinada industria. Se expresan también —en episodios más o menos repetidos, en el seno de las familias, en la escuela o en la calle— la rabia, la cólera, el hartazgo ante esta situación aceptada en silencio, en forma de revueltas espontáneas, de actos de violencia gratuitos, de conductas nihilistas.

Paralelamente, y a veces en los mismos individuos, aparece por el contrario y cada vez más el deseo de un espíritu distinto, que no se expresa solo a través de vagas intenciones, sino de actuaciones concretas en la vida local, asociativa, o hacia otras personas. Como lo que ocurrió durante el primer gran confinamiento, cuando muchos jóvenes mostraron su solidaridad con los ancianos, quienes, en el otro extremo del ciclo de la vida, experimentaron de otro modo, pero en la misma medida, la soledad por abandono, por desconocimiento o por reticencia a utilizar las herramientas digitales, hasta el punto de hallarse desvalidos ante trámites administrativos que cada vez más deben realizarse en línea porque no hay nadie para atenderlos. El estado de aislamiento y de angustia de los más jóvenes está en consonancia directa con el de los mayores. Por un lado, quienes viven en estas condiciones como de manera natural, pero cuyas variadas y continuas reacciones inmunitarias indican claramente que prevalece un estado anormal, que podríamos llamar pérdida de equilibrio general. Y por el otro, aquellas y aquellos que han sido testigos de estas evoluciones y las han sufrido progresivamente, hasta acabar sintiendo que residen en una especie de tierra extraña.

Todos estos *lost individuals* («individuos perdidos») —en palabras de John Dewey (que designan, en su opinión, a personalidades desequilibradas, desintegradas por la civilización industrial)— que hoy entran en la vida adulta sienten en su propia carne que nunca tendrán una vida realmente feliz con simples reajustes o medidas insuficientes. Saben muy bien que las ayudas circunstanciales o las reformas de fachada —incluso la renta básica, considerada ahora por algunos la solución salvadora— no son más que paliativos limitados, planteados por responsables políticos ajenos más que nunca a la realidad y que, decididamente, no entienden nada de sus aspiraciones ni del espíritu tan singular de la época. Lo que quieren esos individuos no es vivir como pseudodependientes, sino —en una *sociedad que se ha vuelto anónima*, a la que el uso obligado de la mascarilla durante la pandemia ha dado, como por una estratagema de la historia, una consistencia evidente— ser *signatarios de su propio destino*. Es decir, vivir en un mundo donde cada persona, sola o con los demás, sea capaz de expresar de la mejor manera posible sus capacidades sin perjudicar a nadie. Tal vez somos conscientes de que nuestro error, cuyo precio estamos pagando ahora, es no haber defendido lo suficiente esas exigencias morales y vitales.

Mostrarse adulto es, en última instancia, procurar preservar a largo plazo y cultivar las fuerzas iniciales y desbordantes de la juventud. «Está prohibido ser viejo», decía el rabino Nahman de Brastlav. Es decir, deberíamos procurar no despojarnos nunca —por distracción, pereza o por la influencia de entidades externas que tengan interés en reducirla— de la potencia propiamente humana que nos constituye. Esa potencia, impulsada ante todo por la disposición a utilizar nuestro poder crítico, la voluntad, cuando es necesario, de manifestar nuestro rechazo, de ejercitar nuestra creatividad individual y colectiva y de celebrar el hecho de compartir lo sensible. Muchas son las disposiciones naturales a las que hemos ido renunciando sobre la marcha por habernos dejado gobernar en exceso por un montón de instancias, por haber caído en el letargo y habernos acostumbrado a relacionarnos a través de la frialdad de los píxeles, de modo que hoy damos muestras de un triste y mortífero conformismo y estamos resignados, nos pese o no, a soportar lo que llamaríamos un «desarraigo de nosotros mismos». Si toda la sociedad se planteara como proyecto deliberado volver a conectar con esas energías, haríamos de la juventud no tanto una cuestión de edad y de generación, como una fuerza indefinidamente activa que nos instara a defender en cuerpo y alma —y animados por la esperanza— lo que constituye propiamente nuestro fundamento y que nunca, nunca, debería verse disminuido.

II. LAS FORMAS DE NUESTRA IMPOTENCIA

I. SIN ALIENTO

En aquella época solo la veíamos a ella. Apareció casi de la noche a la mañana y arrasó con todo a su paso. Le pusimos un nombre: «revolución digital». Las transformaciones que originaba eran muy bruscas, masivas y a veces embriagadoras. Facilitaba las comunicaciones, posibilitaba un acceso instantáneo a volúmenes de información cada vez mayores y permitía efectuar un montón de gestiones a distancia. Posteriormente, proliferaría un sinfín de aplicaciones destinadas a facilitar nuestra vida diaria procedentes del mundo de las *startups*, que prometía fama y dinero a cualquiera que tuviese una idea brillante. Se entendía que el «fin de la historia» coincidía perfectamente con el uso ilimitado de las redes de telecomunicación, que ocasionó el advenimiento de una «aldea global» propicia al «dulce comercio» y «capaz de inducir a la paz», según palabras de Montesquieu. Sin embargo, de forma mucho más discreta, empezó a gestarse otro tipo de revolución, que en parte era un corolario de todos estos cambios. Aunque consecuente, era menos tangible y espectacular y sus efectos, a diferencia de la primera, se verían a destiempo muchos años más tarde. Se trata de *una profunda y rápida evolución de las mentalidades*. Muchos fenómenos, ya en marcha desde hacía mucho tiempo, pero que por diversas razones formaban parte del orden casi natural de las cosas, empezaron a ser percibidos desde otras perspectivas. Se modificaba el estado de las conciencias, que ganaba en lucidez, introduciendo por consiguiente nuevas relaciones de fuerza y dando origen a pretensiones con las que en adelante habría que contar.

Contribuyeron a ello dos factores principales. En primer lugar, unas condiciones de vida cada vez más difíciles para la inmensa mayoría, que entraban en contradicción con muchos relatos sesgados o maquillados difundidos por todo tipo de organismos. Excesos que, a fuerza de ser directamente padecidos, o presenciados, crearon en conjunto una impresión de saturación y un criterio más afinado. Es como si se hubieran levantado poco a poco una multitud de velos que desdibujaban la buena percepción de la realidad. En segundo lugar, el uso de Internet, ya universal, propició la aparición de un entorno informativo más variado y de utilización más flexible, que favorecía una visión plural de los fenómenos. Sin embargo, este contexto dio paso rápidamente a una desconfianza hacia cualquier discurso supuestamente «oficial», contribuyendo así a exacerbar resentimientos y rencores, hasta alentar un imaginario conspirativo. En cualquier caso, esas dos fuerzas combinadas llevaron a la constatación, a comienzos de esta década, de que la continua desregulación económica y política había causado cuantiosos daños a las personas, al pacto social y a la biosfera.

Las masas no se contentaron entonces con tomar nota de su mayor comprensión de los hechos, sino que, cansadas de soportar o de presenciar tantas injusticias, empezaron a movilizarse para oponerse a estas y para dar testimonio de aspiraciones de índole completamente distinta. En 2011, y en continentes distintos, surgieron tres movimientos populares. En primer lugar, las «Primaveras árabes», que expresaban la rabia contra unos poderes plutocráticos que parecían controlarlo todo para siempre. A continuación, Occupy Wall Street, en Nueva York, que denunciaba, tras la crisis de las *subprimes* de 2008, la creciente financiarización de la economía y todos sus efectos nefastos tanto para los pequeños ahorradores como en la gestión de los asuntos públicos. Por último, los Indignados, en la Puerta del Sol en Madrid, se alzaban contra un paro galopante, el aumento de la precariedad y la austeridad de la vida diaria. Unos años más tarde, en 2016, *Nuit debout*, en la plaza de la République en París, rechazaba un orden que se iba imponiendo desde hacía tiempo en detrimento de la mayoría, con independencia del color de los gobiernos elegidos. En 2018, y también en Francia, surgió el movimiento de los Chalecos amarillos, que prescindieron de los debates en las plazas para dar voz, con su presencia a veces tumultuosa, a aquellas y a aquellos con unas condiciones de vida cada vez peores y con dificultades para llegar a fin de mes. Algo más tarde, se produjeron disturbios en Santiago de Chile por un motivo aparentemente anodino, el alza de precio de los billetes del metro, y que muy pronto, y más allá de la protesta por esta decisión concreta, se convirtieron en todo el país en una oposición contra el régimen ultraliberal vigente desde hacía medio siglo, el que los «Chicago Boys» instauraron después del golpe de Estado perpetrado por Pinochet en 1973. En la década de 2010, y en muchos puntos del planeta, abundaron los levantamientos recurrentes, que dieron lugar a un estado de ingobernabilidad permanente, de resultado incierto.

Sin embargo, sabemos que tras el esfuerzo y el valor que supone cualquier intento de alzarse contra situaciones de abuso que parecen inmutables debe iniciarse una segunda etapa, que requiere una determinación aún más inflexible. Y eso ocurre en el momento en que, tras largas semanas o largos meses de lucha, que a menudo han implicado sacrificios crueles, la gente está sin aliento y tiene dificultades para lograr que los deseos expresados se traduzcan en actos. Esto es lo que la mayoría de esos movimientos no supieron o no pudieron conseguir, lo que originó en muchos de sus seguidores un sentimiento de inconclusión y de amargura, que persiste y deja su huella más o menos intensa en el espíritu de la época. No obstante, uno de esos movimientos consiguió un importante logro, la revisión de la Constitución chilena, mientras que otros acabaron con concesiones por parte de los responsables políticos obtenidas de pronto como por misericordia, aunque conservando unas formas que contribuyen a mantener en las representaciones el esquema, al parecer indefectible, que sitúa en la cima a los representantes públicos, que deciden el curso mayoritario de las cosas y, en la base, a la masa, la cual se ve obligada a reclamar para confiar en vivir más dignamente y no hundirse en el fondo del abismo.

Aunque las personas han seguido ganando lucidez y las masas se han alzado para expresar su sufrimiento y su rechazo, existe una sensación de malestar: la de ser testigos de una insatisfacción que adopta ante todo una forma verbal, pronto repetida indefinidamente, hasta el punto de no producir nada y, lo que es peor, de virar hacia el conformismo porque se contenta únicamente, y sin compromiso alguno, con señalar las deficiencias. Como si fuéramos prisioneros de un proceso paradójico: un incremento de la conciencia que no hace más que situarnos incansablemente frente al muro de nuestra impotencia. Nuestro deseo irreprimible y legítimo de ver que las situaciones toman un camino virtuoso, pero sin llegar a superar el estadio mantenido continuamente de la denuncia ni plasmarse en diversas modalidades constructivas. Llamémoslo una *agudeza de espíritu infértil*. ¿Vemos aquí los potentes vectores de resentimiento, de cólera, de crispación de la sociedad, y también de violencia, que caracterizan propiamente este comienzo de la década de 2020 y son portadores de temibles peligros? Al respecto, una de las responsabilidades políticas cruciales que hoy nos corresponden es iniciar una tercera fase, sin duda menos impulsiva, más reflexiva y necesariamente imbuida de un agudo sentido de la estrategia. Pero con prácticas bastante contrarias a las que cultivan este uso exclusivo de la incriminación o elaboran teorías alejadas de la realidad, que ocupan el campo de las ideas y el de los medios y que, si persisten en esta actitud mientras muchas de ellas muestran una complacencia jactanciosa, corren el riesgo de complicar más la puesta en marcha de esta secuencia obligada.

2. LA *HYBRIS* ECOLÓGICA

Si, como se dice, todo es cuestión de la justa medida, lo que caracteriza en primer lugar a la modernidad occidental, aquella que se afirmó a principios del siglo XIX, al comienzo de la Revolución industrial, es haberse apartado completamente de ese precepto. Ya que, casi de golpe, se superaron límites en muchos ámbitos. Es como si distintos sectores de la sociedad hubieran adoptado otra escala, casi faraónica. Este fenómeno resulta especialmente manifiesto en la construcción de fábricas monumentales, destinadas a acoger a legiones de trabajadores. En la apertura de los grandes almacenes que Émile Zola relató en *El paraíso de las damas*,* donde describe el vértigo que su tamaño y la profusión de sus escaparates podían producir. En el urbanismo de las principales capitales, dotadas poco a poco de anchas avenidas y de edificios imponentes perfectamente alineados, tan emblemáticos del París rediseñado bajo el Segundo Imperio por el barón Haussmann. En la extracción del carbón en minas cada vez más laberínticas para alimentar las máquinas de vapor que darían un impulso nuevo a la actividad económica y al progreso del mundo.[1] En los transportes, con

---

* *El paraíso de las damas* es el volumen II de la serie *Les Rougon Macquart*. *(N. de la T.)*

1 Cf. al respecto, Andreas Malm, *L'Anthropocène contre l'histoire. Le réchauffememt climatique à l'ère du capital*, París, La Fabrique, 2017.

la construcción progresiva de líneas de ferrocarril que unirían diferentes puntos de los territorios, contrayendo la geografía, inaugurando los primeros viajes en masa y una nueva era para el transporte de mercancías. Y también en las Exposiciones universales, extraordinarios proyectos que requerían construir inmensos pabellones de exposiciones y que pretendían reunir, en un mismo lugar y por un corto período de tiempo, todo lo singular y único que se hacía en la Tierra.

Este período, que comenzó y siguió luego impulsando indefinidamente estas lógicas —hasta los «Treinta Gloriosos» y el auge de la sociedad de consumo— lleva la marca de la gran escala. A esta larga secuencia histórica —que va de la primera modernidad industrial a la modernidad tardía— le sucedió lo que por distintos conceptos podría calificarse de «ultramodernidad». La que surgió a principios de la década de 1980 y seguía esta línea, pero caracterizada por un rasgo distintivo que no solo le dio otra dimensión, sino que cambió su naturaleza: *el exceso.* Un exceso en todo, que hizo de la negación de límites el motor necesario para su nuevo impulso, un *ethos* que se materializó en la explotación irrefrenable de los recursos naturales, en la hiperracionalización de la gestión empresarial, en la comercialización desmesurada, en el desprecio de los límites jurídicos y morales, o en una esfera mediática que mayoritariamente optó por una espectacularización excesiva. Durante casi medio siglo ha prevalecido una *edad del exceso,* y hoy somos conscientes de los estragos que ha causado en los cuerpos, el medio ambiente y la sociedad. Pero también en las mentes que, tras haber sufrido la ley tan tóxica del exceso, e instigadas ahora por un arsenal de técnicas que contribuyen a ello, funcionan mayoritariamente en un continuo *régimen de sobrecarga.*

Un día de 1985 se descubrió, gracias a una imagen proporcionada por un satélite, un fenómeno nunca observado anteriormente, al que se llamó «agujero en la capa de ozono». Una vez superada la sorpresa, se entendió que la actividad humana, especialmente la de los últimos decenios, era la causa, debido a la emisión constante de ciertos gases producidos por la industria química. Fue un choque, ya que esa capa que envuelve la atmósfera funciona como un escudo que absorbe los rayos ultravioletas del sol, que pueden provocar cáncer de piel, cataratas, y también dañar el ADN de todas las sustancias vivas, en procesos susceptibles de causar mutaciones irreversibles en los ecosistemas. Este hecho fue decisivo y fundacional en la medida en que de él dependían tal vez a la larga nuestra supervivencia y el equilibrio de la biosfera. Poco a poco se fueron documentando los hechos, sobre todo con los primeros informes del IPCC (Intergovernmental Panel on Climate Change; Grupo Intergubernamental de Expertos sobre el Cambio Climático) publicados en 1990, cuyas conclusiones sirvieron de base a la «Cumbre de la Tierra» celebrada en Río dos años más tarde.

Luego, a comienzos del nuevo milenio, el espectáculo de todo tipo de catástrofes se volvía cada vez más habitual: incendios gigantescos, variaciones anormales de la temperatura, inmensos bloques desprendidos de las placas de hielo polares, retroceso rápido y manifiesto de los glaciares. La noción de «cambio climático» penetraba en el vocabulario y se mencionaban sus consecuencias: acidificación de los océanos, subida del nivel del mar, desplazamientos forzosos de los pueblos expuestos a estos fenómenos. Empezó a sobrevolar la idea de un estado de emergencia que caló en las conciencias. A fuerza de constataciones recurrentes, las masas interiorizaron estas cuestiones tan candentes generadoras de ansiedad. Muy pronto se convirtieron en tema de todas las conversaciones y se erigieron en la gran causa de la época, adquiriendo el rango de preocupación prioritaria, casi exclusiva. Todo el mundo se vio obligado a sentirse concernido, incluso a implicarse, y de vez en cuando se producían estallidos de indignación contra la indolencia de personas cercanas o de responsables de todos los bandos, hasta el punto de producirse un fenómeno singular: *el cambio climático provocaba una inflamación de los espíritus.*

En realidad, se les había ayudado. Era el momento en que los periódicos decidieron dedicar páginas enteras a estas cuestiones, aparecieron nuevas revistas, las televisiones y las radios comenzaron a emitir un montón de reportajes, se programaron emisiones regulares y en pocos años se multiplicó la publicación de libros. *Había nacido una sociedad del espectáculo de un mundo amenazado de extinción.* Fue entonces cuando en el mismo movimiento proliferaron los autoproclamados embajadores de la «defensa del medio ambiente». La mayoría de ellos o, en todo caso, los que pronto iban a adquirir protagonismo, más que formados en ciencias afines se sentían especialmente investidos y más o menos familiarizados con ciertos fenómenos, y habían prometido ilustrarnos sobre el alcance de la catástrofe y anunciarnos la buena nueva. El uso de las «redes sociales» y de YouTube, en pleno auge en aquel momento, permitieron materializar esas ambiciones. Se llevó a cabo de forma solapada una distinción entre, por una parte, los «sabios» y, por la otra, las masas de individuos reducidos repentinamente a la categoría de alumnos, en algunos casos incluso felices de formar hordas de discípulos. Se establecían relaciones inéditas de poder, así como una heroización de ciertas figuras, en contradicción con el principio de implicación de todos y de igualdad de condición frente a nuestro medio. Y además, siguiendo modalidades que contribuyen al consumo de energía y, como consecuencia, al calentamiento

2. *La* hybris *ecológica*

global. Porque todo ese estallido informativo de hoy absorbe aproximadamente un 10% de la electricidad mundial, sobre todo por la publicación de mensajes o de videos, que requieren la construcción de gigantescos *data centers* y su climatización para garantizar su refrigeración. Pero probablemente la vocación de involucrarse en una iniciativa pedagógica de formación de las conciencias, que proporciona fama y gloria personal, constituía una prioridad sobre estas consideraciones circunstanciales.

Todo este movimiento produjo una doble ecuación, entre cuyos términos parece no haber otras opciones. En primer lugar, la primacía de la responsabilidad individual: cada individuo debe participar en la gran empresa de reparación del mundo. Principalmente, reciclando los residuos, comprando «productos de proximidad», acudiendo en bicicleta al trabajo o renunciando a viajar en avión. No es que estas conductas sean desdeñables y no permitan suponer, ante todo, que la parte esencial de la misión que nos corresponde está asegurada, generando así la satisfacción del deber cumplido. Ya en su momento Ivan Illich destacó con cierta ironía la ilusión del impacto de las propias acciones en este sentido y la buena conciencia generada: «El término "responsabilidad" funciona porque a la gente le da la impresión de que si este sabio individuo dice que debería sentirme responsable, pues pienso que a la postre tengo poder y cierta influencia, que mi comportamiento marca una diferencia, aunque al reflexionar todo esto resulte algo confuso. Es la base soñada para crear una nueva religiosidad».[2]

El otro componente de esta mentalidad consiste en confiar en los políticos, que durante mucho tiempo han fallado y que

2   Ivan Illich y David Cayley, *Ivan Illich in conversation*, Toronto, House of Anansi Press, 1992, p. 284.

deberían activarse ya, pero que, desgraciadamente y a pesar de
la urgencia, siguen sin ser conscientes de la magnitud de la
catástrofe. Esta postura está motivada ante todo por la creencia
en la influencia determinante de la ley para contrarrestar la
mayoría de las derivas, cuando en realidad solo es uno de sus
engranajes. Y como se da por supuesto que la palanca principal del cambio la tienen quienes ostentan el poder y estos no
hacen todo lo que podrían, se decide entonces iniciar, como
en Francia, un proceso contra el Estado. Y no uno cualquiera:
será «el caso del siglo», por «inacción climática», apoyado por
asociaciones y millones de personas que con un simple clic han
firmado una petición. El peticionismo sin límites y la judicia-
lización de la sociedad representan hoy el eje de la implicación
política. Vemos que la *hybris* vigente desde hace decenios produce además efectos disparatados, manifiestos en el espectáculo
de *people*, acompañados de «activistas», que acuden a presentar
a bombo y platillo los cargos en la recepción de los palacios
presidenciales, ebrios ante la idea de ser la avanzadilla de la madre de todas las batallas, e imaginando ser, según la asignación
edípica, el padre todopoderoso, del que se espera casi todo y al
que se está dispuesto a abatir en caso de incumplimiento.

Y luego, en esos tiempos de sobrexcitación de los espíritus y
de entusiasmo mediático, ha aparecido 2000 años más tarde un
nuevo Mesías, que al parecer percibe la magnitud del fenómeno
con más agudeza que la mayoría de los mortales, gracias a una
sensibilidad exacerbada, una especie de don único de empatía
con los elementos. Su venida al mundo es en última instancia
una misión, mucho más grande que ella misma y que todos
nosotros: transmitirnos un mensaje universal de que todos, y
en grados diversos, seríamos culpables incluso más allá de las
generaciones. Y los primeros, los gobernantes, culpables de no

«haber prestado suficiente atención a los científicos» y de no haber actuado en consecuencia. ¿Se dan cuenta? Una adolescente de catorce años ha sabido captar lo que nosotros, adultos hechos y derechos que estamos dedicados a nuestras ocupaciones diarias, no sabíamos ver en profundidad: un apocalipsis que amenaza a todos los seres vivos y a nuestro biotopo. Las imágenes de su primer ascenso a la cruz fueron difundidas inmediatamente por todas las cadenas de televisión, suscitando una emoción de una intensidad solo comparable a la que provocó la imagen de la Tierra vista desde el espacio, tomada en 1972 por el equipo de la misión Apolo XVII, que nos recordó la belleza y la vulnerabilidad del planeta azul, obligado a partir de ahora a volverse verde. Convertida muy pronto en un icono, Greta Thunberg, dominada manifiestamente por distintas formas de embriaguez y con más de cinco millones de seguidores en Twitter, se dedica a publicar unos diez artículos al día, que oscilan entre la denuncia más rotunda y las buenas intenciones bastante desconcertantes.[3] Una especie de gran mecanismo perfectamente engrasado, que ha generado toda una industria en torno a su persona (producción de documentales, venta de productos derivados de su imagen: camisetas, gorras, banderines...). Y poco importa cuáles sean los efectos climáticos de esta inflación opinológica *online*, puesto que se

---

3   Cf. Audrey Garric, «Greta Thunberg: Les gens ne veulent plus entendre de mauvaises nouvelles sur la crise climatique», *Le Monde*, 4 de junio de 2021. «En un encuentro con la prensa internacional, la activista ha instado a "presionar a los más ricos" y ha considerado "insuficientes" los compromisos de los grandes contaminantes». Entrevista realizada por videoconferencia, con motivo de la presentación del documental Grete Thunberg: *A Year to Change the World* («Un año para cambiar el mundo»), coproducido por BBC Studios y PSB. (Cuando uno lee estas líneas se pregunta si no estará soñando).

trata de una batalla de ideas que desde hace ya varios años está ganada y que, sobre todo, tiene la enorme ventaja de confirmar continuamente la excepcionalidad de su estatus.

Unos la tildaron de neurótica, mientras que para otros era el ideal personificado de lucidez, y eso desencadenó una nueva guerra de religión a través de las «redes sociales». En realidad, más allá de estas disputas inútiles, había que interpretar todo esto como un síntoma, un poderoso síntoma de ese reflejo específicamente humano que, cuando nos asalta el terror y nos sentimos desprotegidos, nos induce a confiar en un salvador, en una figura providencial que desde su aparición genera apóstoles y fieles. Basta ver la imagen tomada en Montreal el 27 de septiembre de 2019, en el marco de una jornada de movilización bautizada con el nombre de reminiscencias maoístas «Gran marcha por el clima», en la que se ve de espaldas un cuerpo menudo de pie sobre un estrado, frente a miles de personas que habían acudido a beber sus palabras y que la fotografiaban con su teléfono como en un acto de adoración. Nos quedamos atónitos ante semejante espectáculo, que no guarda relación con ningún tipo de conciencia ecológica, y menos aún política, sino solo con nuestra pasión —en el caso de episodios de confusión colectiva— por alcanzar la verdad suprema de boca de personas tocadas por la gracia, que saben indicarnos el camino de la salvación.

Todo este exceso, todo este énfasis, toda esta desorientación, en realidad, si se examina con detenimiento, se deben a un *efecto de retraso*. Ya que el gran desafío a nuestra responsabilidad —y más aún en una época en la que se producen constantemente tantos avances, gracias generalmente a la iniciativa privada— es saber captar los fenómenos en el momento en que se producen, cuando hay margen de maniobra, para intentar que no tomen un curso definitivo. A esta disposición podríamos llamarla *clarividencia kairos*, es decir, una agudeza que permite ver los hechos que están sucediendo, a la que se une inmediatamente la voluntad de actuar. O sea, comprometerse sin esperar a que surjan movimientos contrarios o divergentes, antes de que las cosas acaben arraigando en nuestra realidad y produzcan resultados nefastos o contrarios a determinados principios fundamentales. En esto consiste ser plenamente actores de nuestros destinos: demostrar presencia de ánimo y don de la oportunidad, y no despertar de pronto del letargo para denunciar inmediatamente a «los culpables» y clamar junto con la masa los mismos eslóganes de siempre, decantándonos por un conformismo ingenuo, como decía George Orwell en un prólogo inédito de *Rebelión en la granja*: «El verdadero enemigo es el espíritu reducido al estado de gramófono, y esto sigue siendo cierto tanto si se está de acuerdo como si no con el disco que suena en un momento determinado».[4]

Esta súbita efervescencia de pasiones no cesa de manifestarse, cuando un profundo pensamiento pacientemente elaborado hace mucho tiempo —precisamente en una época en que había que actuar— señaló las distintas prácticas humanas que dañaban los equilibrios naturales. Toda una corriente que en su momento fue ostensiblemente ignorada, excepto por algunos medios, y que hoy se ha redescubierto, aunque en círculos muy restringidos. Murray Bookchin, Ivan Illich, André Gorz, Jacques Ellul y muchos otros que supieron analizar los distintos engranajes que resultarían desastrosos si no se actuaba en consecuencia y de muchas maneras, que en su mayoría

---

4   Citado por Renaud Garcia en *La Collapsologie ou l'Écologie mutilée*, París, L'échappée, 2020, p. 142 (trad. cast.: *La colapsología o la ecología mutilada*, Buenos Aires, La Cebra, 2021).

estaban por inventar. Dada la indiferencia general mostrada hacia ellos en los despreocupados «Treinta Gloriosos» y que se mantiene todavía hoy, cuando preferimos dirigir nuestra atención hacia posturas sensacionalistas, que a menudo actúan *ex nihilo*, cabe considerar que se ha cometido un crimen contra formas muy agudas de conciencia, cuyo precio pagamos hoy, y también un crimen contra una memoria muy valiosa.

Son tantas las emociones que han generado incluso un nuevo término digno de la más bella neolengua empresarial, la «solastalgia», esto es, un malestar psicológico causado por la sensación de vivir un desastre ecológico. Ese neologismo, creado en 2003 por el filósofo australiano Glenn Albrecht, corresponde a «la experiencia íntima de un cambio ambiental vivido negativamente».[5] Aparece aquí la dimensión subjetiva. Cuando algo nos conmueve, las almas sensibles están a punto de desfallecer, pero si solo afecta a algunas personas y además nos aprovechamos de ello, entonces la conmoción ya no es necesaria. ¿Por qué no —ya que los conceptos nebulosos parecen estar muy de moda— condiciones-deplorables-en-logística-*stalgia*, gestión-empresarial-contemporánea-*stalgia*, o sociedad-compartimentada-*stalgia*? Ya que, en contra de las apariencias, este ecologismo de tan buena ley se inscribe en la tradición directa del individualismo liberal y de las formas de egoísmo que ha contribuido a engendrar. Mientras el impacto causado por nuestras acciones devastadoras solo afectaba a algunas regiones y poblaciones, a prácticamente todo el mundo le importaba un bledo, o casi. Pero en cuanto hemos visto que lo que está en juego es nuestra calidad de vida y la de nuestros hijos, entonces de repente, y al unísono,

5   Cf. Glenn Albrecht, *Las emociones de la Tierra*, trad. de Judit Abelló, Barcelona, MRA, 2020.

nuestras conciencias se movilizan. A todas aquellas y aquellos que creen que al defender la causa ecológica están a la vanguardia de la lucha política decisiva de nuestro tiempo habría que responderles que, en causas de igual importancia, la conciencia no se divide.

Es evidente que la cuestión, por su alcance «subjetivo-universal», acabó imponiéndose casi de forma exclusiva, hasta el punto de ocultar muchas otras igualmente candentes. Sobre este fondo germinó la llamada «colapsología». Si la biosfera, los ecosistemas, van a colapsar, es obvio que todo lo demás es relativo. En este sentido, el grado de catastrofismo que demuestra es inversamente proporcional a su interés por la historia de la ecología política, algunos de cuyos principales defensores han sido citados unas líneas más arriba. El ser humano ha cometido errores y nuestra casa común se tambalea; algunos creen que se han despertado temprano —hacia mediodía— y conviene anunciar con gran agitación la movilización general llamando a los vecinos mediante consignas o eslóganes que les hagan darse cuenta de la magnitud de la amenaza. Emotividad sobre emotividad: la solastalgia se convierte en una *panicología*, que se alarma al constatar la extensión de las fisuras que resquebrajan y ponen en peligro los muros, sin ver nada más alrededor.

Y si hemos cometido tantos errores —lo sabemos desde hace tiempo— es porque hemos considerado al ser humano «dueño de la naturaleza», de acuerdo con la postura inicial de Descartes, según una estructura dualista que ha conformado nuestro imaginario y nos ha empujado a hacer tanto daño. El antropólogo Philippe Descola fue a la Amazonia a observar una tribu jíbara, los Shuar, cuyos miembros consideran las plantas y los animales que consumen como sustancias análogas a ellos, que solo difieren en las formas y en los atributos. Esta visión animista, compartida por muchas otras tribus del mundo, nos remite, como por un efecto de espejo invertido, a las separaciones inconsecuentes que nosotros hemos establecido y que han contribuido a enfrentarnos a una naturaleza que se ha objetivado y ha favorecido por tanto nuestros impulsos depredadores.[6] Probablemente es correcto como consideración. Pero el hecho singular es que, desde mediados de la década de 2010, esas conclusiones adquirieron carácter de revelación, ya que nos desvelaron claramente la causa de todos nuestros errores y pecados, y fueron recibidas como las nuevas Tablas de la Ley de los seres vivos por una legión de investigadores y de teóricos, para quienes los «no-humanos» representan componentes que debemos procurar tener muy en cuenta. Y que además deberían inspirarnos como posibles modelos de conducta, al margen de nuestros esquemas mentales antropocéntricos estrechos y de repercusiones nocivas.

Ha surgido toda una corriente de pensamiento que postula que, para desacreditar esta conducta que ha resultado ser tan nefasta, deberíamos buscar la riqueza insospechada de los elementos y captar la naturaleza intrínsecamente holística del mundo, del que nosotros los humanos solo somos una de sus ramificaciones, hechas todas ellas de átomos idénticos. Y para llevar a cabo ese gran y obligado viraje, tenemos que aprender a ser sensibles a las particularidades tan ilustrativas de nuestros casi semejantes, hasta el punto de buscar la armonía con algunos de ellos. Nos entusiasma el saber de los árboles y de las

6   Cf. Philippe Descola, *Más allá de naturaleza y cultura* [2005], trad. de Horacio Pons, Buenos Aires, Amorrortu, 2012.

2. La hybris ecológica

plantas, que se intercambian señales llenas de sabiduría.[7] Nos maravilla la singularidad de los pájaros, de los osos, de los insectos, de los pulpos, de las setas… Seguimos el rastro de los lobos, ávidos de poseer sus conocimientos, y tenemos la impresión de haber hallado la clave para apartarnos de nuestra cotidianidad alienante. De modo que formaríamos parte de un «gran todo». Esto es lo que hemos ignorado y ahora somos conscientes de hasta qué punto estamos pagando sus consecuencias. Nos equivocamos al creer que nos movemos sobre la Tierra, indiferentes, hasta el punto de pisotearla a placer. No, vivimos *en el seno de Gaia*, antigua personificación de nuestro planeta —según un principio teorizado en los años setenta por James Lovelock— que, igual que nosotros, tendría un «comportamiento que la lleva a reaccionar a lo que le hacemos».[8] Se trataría de un ser vivo que se interpenetra constantemente en un mismo medio y que nosotros consideramos erróneamente solo como un lugar para vivir, y no como un organismo en continua fusión del que dependemos totalmente y que merece el mayor cuidado y hasta nuestra adoración. Esas tesis, imbuidas de una especie de misticismo pagano, reintroducidas más tarde por Bruno Latour y retomadas por sus fieles, acaban tropezando con un gran escollo. Si todos los seres animados e inanimados proceden de un mismo molde y forman tan solo una infinidad de variaciones que constituyen la totalidad de nuestro cosmos, ¿de qué modo nosotros, pobres humanos, podemos intentar, con este criterio, abrir un nuevo y virtuoso camino sin caer en el extravío más completo?

7   Cf. en especial Eduardo Kohn, *Cómo piensan los bosques*, trad. de Mónica Cuéllar Gempeler y Belén Agustina Sánchez, Quito, Abya Yala, 2021.
8   Cf. James Lovelock, *Gaia: una nueva visión de la vida sobre la tierra* [1979], trad. de Alberto Jiménez Rioja, Madrid, Hermann Blume, 1983.

II. *Las formas de nuestra impotencia*

Algunos, como Anna Tsing, afirman que «no se sabe muy bien cómo seguir viviendo, ni cómo evitar la destrucción planetaria. Afortunadamente, todavía nos quedan aliados, humanos y no humanos. Podemos explorar los bordes cubiertos de malas hierbas de nuestros paisajes devastados, que son también los bordes de la disciplina capitalista».[9] En cualquier caso, como horizonte común que hay que implementar parece un poco corto. Otros afirman que «hay que politizar el asombro», fotografiándose[10] al borde de un lago junto a una hoguera, en versión hollywoodense, en una escena que parece salir directamente de la película *Bailando con lobos* (Kevin Costner, 1990). Y hay incluso otros, como el sociólogo Hartmut Rosa, que abogan por una «resonancia con el mundo» como medio de redención, de acuerdo con disposiciones que tienen más que ver con el ámbito del bienestar personal y con una fórmula sibilina, que con una política concreta de la emancipación.[11] Un montón de posturas relacionadas con el *«pathos* de la distancia», según la expresión de Nietzsche, o con pensamientos New Age de buen tono y muy de moda, que a cierta prensa le encantan. Todas coinciden en una misma ilusión, una misma impostura, deberíamos decir: suponer que, apartándonos del bullicio y de la violencia de la sociedad para privilegiar una cercanía sin filtros a la naturaleza, dispondríamos de un arma fatal contra el ultracapitalismo devastador.

9   Anna Lowenhaupt Tsing, *Le Champignon de la fin du monde*, París, Les Empêcheurs de penser rond, 2017, p. 27 (trad. cast.: *La seta del fin del mundo*, trad. de Francisco J. Ramos Mena, Madrid, Capitán Swing, 2021).
10   Weronika Zarachowicz, «Baptiste Morizot, un philosophe pisteur de loups», *Télérama*, 31 de julio de 2017.
11   Cf. Harmut Rosa, *Resonancia. Una sociología de la relación con el mundo*, trad. de Alexis E. Gros, Madrid, Katz, 2019.

2. *La* hybris *ecológica*

La característica de estas corrientes es que, aunque la mayoría
tienen intenciones sin duda loables, cultivan la confusión, ya
que carecen especialmente de arraigo y dependen de actitudes
imbuidas de un individualismo más o menos manifiesto, que
a veces llega a un heroísmo solitario en la línea de la tradición
posromántica de Henry David Thoreau. En realidad lo que
falta es un *sentido común metodológico*, ya que, en vez de partir
de «Gaia» y de los «no-humanos», convendría adoptar una
perspectiva diametralmente opuesta. Es decir, deberíamos partir
de nosotros mismos, de la crítica a muchos marcos que hemos
construido y a sus efectos a menudo nocivos producidos en
nuestros cuerpos, nuestras mentes y las relaciones interpersonales, así como en la flora, la fauna y la atmósfera:

> De ahí la necesidad de que cada segmento del sistema, cada rama
> de la producción, se pregunte qué sigue siendo deseable y qué
> ha dejado de serlo. Es más o menos lo que exponía Simone Weil
> en 1934, cuando señalaba que no hay tarea más noble para los
> individuos de las sociedades industriales que trabajar para hacer
> «el inventario de la civilización actual», separando «lo que per-
> tenece por derecho al hombre considerado como individuo y
> lo que puede proporcionar armas contra él a la colectividad».[12]

Y a la biosfera, podríamos añadir hoy.

Lo que hay que hacer es adoptar un enfoque de conjunto,
cuyos distintos componentes se encarguen de defender un
principio que es fundamental: *un buen equilibrio —moral, re-
lacional y material— establecido en el seno de cada entidad.* De
este modo ya no domina en exclusiva la preocupación por lo

12   Renaud Garcia, *La Collapsologie ou l'Écologie mutilée, op. cit.*, p. 98.

97

viviente, que puede tener el efecto pernicioso de distraernos de los asuntos que nos afectan directamente, sino ante todo la exigencia sistemática del desarrollo de formas de armonía, *elevado al rango de prioridad política y civilizacional.* Por esta razón, la cuestión de la técnica es más importante que nunca, y sin embargo es ignorada por todos estos movimientos que no han captado los vectores de desequilibrio provocados por los sistemas digitales que, apoyados en lógicas económicas salvajes, han causado estragos en las mentes, las relaciones, los métodos de gestión y una mercantilización a ultranza, y han propiciado el advenimiento de la «era de una logística integral», que mutila muchos cuerpos e infesta el planeta. Ya lo manifestó en su época, y con mucha agudeza, Jacques Ellul, en un artículo de 1972 de título deliberadamente provocador, «Alegato contra la "defensa del medio ambiente"»:

> Interesarse por la protección del medio ambiente y la ecología sin cuestionar el progreso técnico, la sociedad tecnificada y la pasión por la eficacia es realizar una operación no solo inútil, sino fundamentalmente nociva. Ya que al final no se conseguirá nada, pero tendremos la impresión de haber hecho algo y eso permitirá calmar falsamente inquietudes legítimas, arrojando un nuevo velo de propaganda sobre la realidad amenazadora.[13]

El objeto prioritario de nuestra atención no son ni «Gaia» ni los «no-humanos», sino la figura humana, el estado de la sociedad y las condiciones de trabajo en todos los sectores en los que operamos, a fin de que, gracias a las modalidades que pretendemos instaurar en el terreno de nuestras realidades

---

13   Jacques Ellul, «Plaidoyer contre la "défense de l'environnement"», *France Catholique*, enero de 1972.

comunes, ni los individuos ni nuestro medio se vean de algún modo mermados. Es más, para que, fomentando un desarrollo mejor, el principio de interdependencia de todas las sustancias del mundo no corresponda solo a una verdad totalmente abstracta, sino a una verdad cuya potencia de dignidad, de vida y de alegría debemos esforzarnos al máximo por obtener.

3. GRANDEZA Y LÍMITES
DE LA CRÍTICA AL CAPITALISMO

Si los amontonásemos uno sobre otro, llegarían de la Tierra a la Luna. Desde hacía mucho tiempo su producción era abundante, pero se intensificó notablemente a comienzos de los años 2000. En aquel momento, cierto pensamiento crítico empezó a virar hacia un régimen completamente distinto y proliferó la literatura anticapitalista. No había día en que no descubriéramos un montón de nuevas publicaciones, al tiempo que nacían, principalmente en Europa y en América del Norte y del Sur, nuevas editoriales dedicadas a estos temas. El anticapitalismo adquiría una dimensión libresca desconocida hasta entonces. No era un simple azar, por supuesto, sino el resultado de un conjunto de factores que favorecieron esos fenómenos. Era el supuesto advenimiento del «fin de la historia», tras la caída del muro de Berlín en 1989. El mundo llamado «libre» había ganado la batalla al comunismo autoritario; era el momento de un capitalismo radiante, que se extendería sin obstáculos por toda la superficie de una Tierra que se había vuelto «plana».[14] Y era mucho más plana, o «lisa», porque se organizaba una red global que, según se decía, uniría a los individuos, pero

---

14 Cf. Thomas Loren Friedman, *La Tierra es plana. Breve historia del mundo globalizado del siglo XXI*, trad. de Inés Belaustegui Trías, Barcelona, Martínez Roca, 2006.

sobre todo haría surgir una «nueva economía» basada en la circulación ininterrumpida de informaciones, de capitales y de lógicas de innovación que pretendían facilitar los intercambios directos y suprimir todos los organismos intermediarios. Era, al aproximarse el año 2000 y los fuegos artificiales que se anunciaban grandiosos, el tiempo de un comercio sin límites, destinado a reconciliar a las naciones y del que todos podían obtener el mayor beneficio en pie de igualdad.

Pero es probable que todo fuera demasiado bonito y que, por tanto, algunos no quisieran parecer ingenuos. Ya que, más allá de los discursos embellecidos y difundidos por todas partes sin apenas contradicciones, era evidente que la globalización, presentada como «feliz», generaba asimetrías sin precedentes entre los continentes. Provocaba deslocalizaciones y una enorme cantidad de despidos y subempleos, y engendraba en los países del Sur un proletariado constituido por cientos de millones de cuerpos sometidos a normas casi de esclavitud —sobre todo en China, considerada entonces la «fábrica del mundo»—. Ese proceso, que supuestamente formaba parte del curso brillante de la historia, tuvo como consecuencia directa la desprotección de la gente, con la aprobación de la mayoría de los gobiernos. Hay un hecho que es un claro testimonio de esta oposición, hasta entonces relativamente imperceptible porque quedaba ahogada por el concierto ensordecedor de discursos entusiastas. Tuvo lugar en Seattle en 1999, con ocasión de la cumbre del G7, bautizada aquel año, con una connotación teleológica y un sentido del lirismo, como «ciclo del milenio». Decenas de miles de personas, llegadas del mundo entero, protestaron tanto por la convocatoria como por los términos, con tal fuerza que consiguieron paralizar la ciudad y se declaró el estado de emergencia. Las impresionantes imágenes de los enfrentamientos se difundieron repetidamente por televisión; era la primera vez que miembros de la «sociedad civil» conseguían suspender una reunión internacional. Sin embargo, enseguida se llegó a la conclusión de que no había sido más que un golpe de efecto producido por un movimiento autodenominado «antiglobalización» y condenado a la marginalidad, ya que se enfrentaba al Goliat de un capitalismo triunfante a escala planetaria. Y quienes lo contemplaban con desprecio ignoraban que muchas otras corrientes, de sensibilidades distintas pero coincidentes todas en su rechazo a esas lógicas fundamentalmente mercantiles y a menudo envilecedoras, estaban germinando en todas partes y no cesarían de crecer. Acababa de empezar una lucha aparentemente desigual, pero que prometía ser feroz. Y para ganarla, el libro se había convertido en un arma crucial.

Se publicaron montañas de libros, de calidad desigual. Analizaban los efectos perversos de una competencia económica que operaba ya a escala global, la generalización de una gestión empresarial implacable, la constitución de gigantescos grupos que imponían sus leyes y empleaban métodos sofisticados de *lobbying*, el desmantelamiento de los servicios públicos y de los mecanismos de solidaridad y el apoyo al sostenimiento de este movimiento por parte de organizaciones internacionales recién constituidas. Todos estos textos llenaban los estantes de las librerías: los comentaban los lectores, y algunos medios, en las universidades. La crítica al capitalismo se había convertido casi en una disciplina de pleno derecho, con sus coloquios, sus encuentros informales y también sus gurús. Al principio Viviane Forrester y su libro inaugural *El horror económico*,[15] publicado en 1996, Noam Chomsky, Naomi Klein,

---

15   Viviane Forrester, *El horror económico*, trad. de Daniel Zadunaisky,

Alain Badiou, Toni Negri y Giorgio Agamben, antes de que aparecieran, en un segundo momento, Slavoj Žižek, David Graeber, Mark Fisher o Frédéric Lordon, entre otros. Pero no se trataba únicamente de un fenómeno intelectual, en la medida en que estaba en consonancia con muchas experiencias diarias individuales y colectivas, hasta que, mucho más tarde, la crisis del COVID vino a confirmar la agudeza de muchas de estas posturas.

Actualmente, como al final de esta secuencia que se ha desarrollado a lo largo de las dos últimas décadas, es inevitable tener la extraña impresión de que sigue prevaleciendo un mecanismo perfectamente engrasado, que acaba casi autoalimentándose y que no dibuja ningún horizonte evidente. Hasta el punto de que ha florecido una industria del anticapitalismo, que ha generado un estilo, unas posturas e incluso un conformismo elegante de la denuncia del mundo que no funciona. Estas prácticas tienen dos grandes defectos que ahora son claramente visibles: una verticalidad del conocimiento y de la conciencia, y una distribución binaria que tiende a la complacencia y a una actitud «atentista», ya que supone de entrada que algunos están mejor habilitados para describir la situación y para señalar, desde la atalaya de su ciencia, el camino que hay que seguir. Esta verticalidad contrasta con nuestra época, que aspira precisamente a que sea en la base, en el terreno de nuestras realidades diarias, donde se pongan en marcha movimientos fundamentados en la implicación de todos, conducidos de diversas maneras y apelando a constantes experimentaciones contrarias a cualquier plan establecido *a priori*. Plantea además una única dicotomía entre «dominantes» y «dominados»,

---

Buenos Aires, Fondo de Cultura Económica, 1997.

utilizando términos que mantienen resentimientos, veleidades ocasionales de sublevación y la ilusión de que todos los males desaparecerán una vez que esta dicotomía sea abolida. Por esta razón, si deseamos, tanto como la mayoría de esas figuras, que se pongan en marcha dinámicas virtuosas, hay que hacer *la crítica de una crítica* que, a fuerza de ceñirse a los mismos patrones, acaba suscitando una sensación de malestar. Es el momento de iniciar otra secuencia: acabar con las formas fundamentalmente negativas y abusivas del régimen especulativo para centrarse en la elaboración de una serie de gestos concretos capaces de defender los principios que nos animan. De lo contrario, nos movemos en un medio afín que solo conduce a cultivar las propias creencias, fijadas rápidamente, un letargo sordo y la vana satisfacción de hallarse en el lado casto del mapa del poder. Como se dice en el Eclesiastés, «hay un tiempo para todo», y ese tiempo distinto que hay que comenzar es el nuestro, *el de la década de 2020.*

Vista la rapidez de los cambios que se están produciendo, propiciados sobre todo por descaradas potencias técnico-económicas, debemos ser plenamente de nuestro tiempo. No para estar a la última moda, sino para tratar de captar los decisivos desafíos contemporáneos en el momento en que se forman y abordarlos seriamente. Y lo que podemos decir es que todos estos trabajos bibliográficos, en los albores de los años 2000, ignoraron por completo el principal problema de la época: la aparición de un continente que iba a modificar a gran velocidad las reglas de la producción, del valor, de los intercambios comerciales, de las lógicas de destrucción creadora, de las relaciones habituales entre economía y Estados... A causa de una ruptura histórica: *la aparición de Internet y del proceso de digitalización de la sociedad, que pronto sería total.* Hechos de repercusiones incalculables, que habían sido entonces ostensiblemente ignorados, mientras se mantenían esquemas de pensamiento que estaban desconectados de una realidad que se estaba creando, y que a sus espaldas se habían vuelto repentinamente inoperantes o habían envejecido seriamente. En este sentido, en el actual siglo XXI ya bastante avanzado, el papel de un intelectual debería consistir no tanto en instruir a las masas, hasta el punto de transmitirles la buena nueva desde su torre de marfil, como en comprender los fenómenos que se están gestando, para hacer sonar la alarma en caso de necesidad con argumentos y conciencia. De ahí que, más que desear doblegar quiméricamente la realidad a su visión, es más oportuno afirmar, como dice Arthur Rimbaud, que «hay que ser vidente, hacerse vidente».[16] Walter Benjamin, que, muy a pesar suyo, sabía mucho de hechos decisivos ocurridos casi sin avisar, también afirmaba: «La videncia es la visión de lo que se está gestando: percibir exactamente lo que ocurre en el mismo instante es más decisivo que conocer el futuro lejano por adelantado».[17]

No fue hasta mucho más tarde, a mediados de la década de 2010, cuando surgió una crítica dura de la industria digital. Sin embargo, esta crítica se centraba mayoritariamente en cuestiones sin duda importantes, pero no esenciales. Se empezó a denunciar la astucia de las grandes corporaciones para organizar hábiles montajes con la finalidad de eludir el pago de impuestos en los países donde operaban, las lógicas de innovación muy perturbadoras para muchas profesiones o el saqueo de datos personales. O a atacar recientemente al

16   «Je dis qu'il faut être voyant, se faire voyant», frase extraída de una carta de Arthur Rimbaud a Paul Demeny, 15 de mayo de 1871, en Arthur Rimbaud, *Correspondance*, París, Fayard, 2007, p. 158.

17   Walter Benjamin, «Sur le programme de la philosophie qui vient», [1918], *Œuvres I*, «Folio essais», 2000, p. 176.

5G, que en realidad es un hecho menor, pero que cristaliza ahora todo el rechazo, aunque, excepto la mayor velocidad de transferencia de datos y la posible intensificación de las ondas electromagnéticas, no hay nada nuevo bajo el sol. ¿Por qué no se produjo la misma reacción cuando se introdujo el 4G a principios de la década de 2010, en el momento del auge de los *smartphones* y el consiguiente crecimiento de la economía de los datos y de las plataformas? Como si para ver formas de movilización hubiera hecho falta llegar a la «plataforma 5», que no es más que la continuidad de un movimiento iniciado hace años y que se ha ido consolidando. Podríamos incluir estos comportamientos en la categoría de «histéresis», que es el principio por el cual una causa produce un efecto retardado en el tiempo cuando las coordenadas iniciales que lo produjeron ya casi han desaparecido, o han adquirido tal dimensión que ha modificado la naturaleza del fenómeno con el que se creía que todavía se relacionaba. Como si creyéramos ser el testimonio presente de un hecho decisivo, cuando este ya se ha metamorfoseado y ha sido sustituido por otro, más decisivo, que no llegamos a percibir, porque seguimos fijados a representaciones ya obsoletas que nos impiden ver lo que tenemos delante. Como Shoshana Zuboff, por ejemplo, que cree descubrir un «capitalismo de vigilancia», según un esquema que se remonta a los años 2000.[18] El que había puesto frente a frente, por un lado, instancias que pretendían construir dispositivos panópticos masivos pero imperceptibles y, por el otro, personas sometidas a un nuevo tipo de procedimiento de control que, por una serie de razones, se han debilitado. Nuestro tiempo,

18   Shoshana Zuboff, *La Era del capitalismo de la vigilancia: la lucha por un futuro humano frente a las nuevas fronteras del poder*, trad. de Albino Santos, Barcelona, Paidós, 2020.

en contra de la creencia popular, ya no es el de una vigilancia digital generalizada, sino el de un modelo técnico-económico civilizacional que pretende dirigir los comportamientos, en buena parte con nuestro consentimiento, a fin de instaurar una mercantilización total de nuestras vidas y una hiperoptimización a la larga de todos los sectores de la sociedad.

Este es el núcleo de nuestra condición actual. Lo que la caracteriza por encima de todo y que, por eso, debería hacernos reflexionar, es que se ha formado muy rápidamente. Especialmente, porque los actores que han contribuido con fuerza a esa formación han sabido adornar esos desarrollos con colores brillantes y convencer, mediante discursos inteligentemente elaborados, de todas sus ventajas, que había que aprovechar sin demora y sin hacer cuentas. Veinte años más tarde, nos damos cuenta de hasta qué punto hemos sido ingenuos, nos hemos dejado seducir voluntariamente, hemos sido ciegos ante tantos abusos e indignidades, y sobre todo nos ha faltado espíritu crítico y hemos demostrado una indolencia culpable. Pero no es momento de lamentaciones, al contrario, porque si sabemos ser astutos podremos, como en algunas artes marciales, sacar partido de la manifestación de las fuerzas opuestas. Hacia finales de la década de 1990 hubo movimientos que se alzaron en contra del advenimiento de un capitalismo pretendidamente brillante, apelando a no dejarse engañar y a rechazarlo, pero utilizando modalidades que, a fuerza de ser repetidas, acabaron agotándose. Hoy en día, los términos han cambiado y conviene tenerlo en cuenta.

Y ahí es donde debemos usar nuestra comprensión de la situación —*de cada situación*— articulando hábilmente la observación, la palabra y la acción. Ya que partiendo de las especificidades de nuestra realidad, estando plenamente presentes en ella, se pueden elaborar estrategias apropiadas y a veces inéditas. Para ello debemos aprender a desarrollar un doble movimiento. Por una parte, desbaratar las fuerzas que quieren imponer casi siempre de forma unilateral sus leyes injustas, poniéndolas en una situación incómoda mediante diversas operaciones, sobre todo demostrando su inconsecuencia. Por la otra, saber evaluar, a partir de esas situaciones, lo que ya no queremos, lo que ya no aceptaremos, y considerar algunas como contraejemplos perfectos que nos empujan a participar en formas de organización y de existencia situadas en cierto modo en el polo opuesto. Podríamos decir que esas actitudes pretenden ratificar, en conciencia y en acto, el paso imperioso desde posturas ideológicas, que pronto resultan limitadas porque quieren ser demasiado inclusivas, *hacia la adopción de comportamientos, fundados en una misma base de exigencias, impulsados por objetivos estratégicos definidos caso por caso.* Es decir, responder, cuando sea necesario y lo más rápidamente posible, a cada intención que se considere abusiva y mostrar con contundencia —aprovechando oportunidades que debemos procurar que abunden— que la verdad y algunas formas de belleza y de gracia están en otro lugar, en un lugar completamente distinto, siempre que se nos den todos los medios y el valor para hacerlas realidad.

III. LA BATALLA
DE LAS REPRESENTACIONES

I. LA MANUFACTURA DEL LENGUAJE

El presente siempre se percibe como una carencia. Es inevitable que falte algo. La plenitud del instante solo remite a raros estados fugaces, o bien está reservada a los santos, que saben elevarse, lejos de las imposiciones de la vida diaria y de toda la riqueza del mundo. Dos tradiciones completamente distintas —diametralmente opuestas, para ser exactos— viven la vida con insuficiencia y malestar. La primera tradición, llamada «crítica», pretende señalar, más allá de las frecuentes representaciones embellecedoras, las peculiaridades, las inconsecuencias, los vicios de ciertos regímenes o formas de organización social, y analizar sus razones para acabar generalmente denunciándolas. El estado de las cosas, necesariamente imperfecto, genera insatisfacción y rechazo. Pero llegará un día en que aparezca un horizonte distinto, liberado de todas estas derivas y establecido sobre bases totalmente redefinidas. Cualquier experiencia, para ser auténtica, ha de vivirse con la esperanza de otra realidad venidera.

La segunda es una tradición emprendedora y estatal, en la línea colbertista o sansimoniana, que prevé que la curva del tiempo ha de tender indefinidamente a un ideal de perfección, que sabemos que nunca será realmente alcanzado. El presente no es objeto de tantas críticas, ya que no es un depósito constante de objetivos que hay que alcanzar, para nuestro bien o el de las generaciones futuras, si aceptamos hacer todos los esfuerzos exigidos para este fin. Esta postura parte del principio de que los humanos, y por tanto la sociedad, tienen muchos defectos, y de que hay que trabajar continuamente para atenuarlos y corregirlos, a fin de lograr que cada individuo, y la colectividad, pueda actuar de forma mucho más eficiente. Sin embargo, hay una ecuación en la base que complica esta filosofía. Dado que somos seres fundamentalmente defectuosos, debemos tratar de salir temporalmente de nuestra condición, observarnos —como si fuera desde arriba— para captar nuestras deficiencias y fijar remedios adecuados.

Para cuadrar el círculo, en un momento de la historia apareció una solución, forzosamente limitada sin duda, pero que podía ser eficaz: formar cuerpos de personas a fin de elevarlas por encima de la clase de los mortales, de modo que fueran capaces de analizar muchas situaciones en su ámbito de competencia e indicar esquemas, procedimientos y técnicas, de acuerdo con una determinada visión del progreso. Para ello se crearon, sobre todo en Francia, pero también en otros países, desde finales del siglo XVII hasta principios del siglo XX, grandes escuelas para formar élites destinadas a concebir los programas que había que poner en marcha y asegurar su correcto seguimiento. Toda una casta en la que, en el período de entreguerras, y más aún después de la Segunda Guerra Mundial, se integraron figuras en cierto modo competidoras, que debían definir, para diferentes entidades y desde la altura de su saber, cuáles eran los caminos correctos que había que tomar: *los expertos.*

Al principio, la mayoría eran investigadores procedentes de los campos de las ciencias económicas y sociales, a veces de las humanidades, que trabajaban en prestigiosas universidades.

Algunos grupos o gobiernos, a pesar de la enorme cantidad de personal de que disponían —una parte altamente cualificado— consideraron que en algunas circunstancias los expertos externos estarían más capacitados para explicar sus decisiones. No solo los humanos están cargados de taras, sino también las grandes organizaciones, ya sean estatales o del sector privado. Su tamaño, su historia, a menudo de muchos años, y los hábitos adquiridos limitan su facultad de adaptación a un mundo que está experimentando rápidos cambios. En la década de 1950 se produjo una transformación importante: a esas personas a las que se había invitado a emitir opiniones, por lo general de forma individual y ocasional, se añadió una nueva invención: *las empresas de consultoría*. Se invitó a equipos, preferentemente pluridisciplinarios, a realizar auditorías del funcionamiento de grandes empresas en primer lugar y luego también de instituciones públicas, a fin de elaborar estrategias para hacerlas más eficaces y darles un nuevo impulso.

Su posición de exterioridad las dotaba —como a un juez erigido en tercera persona supuestamente neutral y situado por encima de las partes— de una fuerza de verdad casi incontestable. Por eso no solo se recurrió a ellas para dirigir mejor la acción, sino también para legitimar la implantación de métodos y dispositivos que, sin ellas, probablemente habrían suscitado una mayor desconfianza, e incluso a veces una franca oposición. Lo que caracterizó esas prácticas, hasta finales de los setenta, es que favorecieron y convirtieron en un hecho casi natural una organización cada vez más racionalizada del trabajo. La estructura tradicionalmente piramidal de la empresa se vio doblada por otra forma de verticalidad a través de la implicación, más o menos provisional, de técnicos del consejo que solo se ocupaban de objetivos de optimización y que respondían ante todo a los intereses de los organismos dirigentes.

Pero los tiempos cambian y, en la década de 1980, en el momento en que comenzaba una feroz competición a escala global, era evidente que la voluntad de imponer reglas estrictas a cualquier precio tenía unos límites y había generado un número creciente de conflictos. Entonces se produjo un cambio táctico: en vez de lógicas unilaterales y normativas, que se habían mostrado insuficientes, se optó por una línea de conducta completamente distinta: *la fabricación de un estado mental —o más exactamente de un imaginario— común.* Y este objetivo requería, en primer lugar, la creación de un léxico. Las consultorías, y luego los grandes grupos privados, pasaron de ser organismos que prescribían categóricamente, aunque con habilidad, un orden disciplinario, a ser hábiles artesanos del lenguaje que establecieron un corpus de términos, de expresiones, de fórmulas diseñadas para construir representaciones y hacer que todos, bajo el imperio de la misma biblia, se adaptaran a él del mejor modo posible.

El giro liberal de la década de 1980 no fue solo una repentina redefinición de la sociedad, sino que fue ante todo *una revolución del lenguaje.* Como en el mundo de la publicidad y del *marketing,* surgieron equipos especializados que se erigieron en poetas de la vida moderna, pero no con el objetivo de suscitar deseos de consumo, sino de estimular el ferviente deseo de participar en una grande y excitante aventura colectiva. Para ello se crearon «conceptos» destinados a tres fines y encajados unos en otros. En primer lugar, crear un espíritu de cuerpo, que diera la sensación de unidad sin apenas distinción entre las personas y los distintos departamentos, a pesar de las diferencias de jerarquía y de cualificación. En segundo lugar, favorecer una adhesión plena, hasta una movilización total, invitando a expresar todas las capacidades y en algunos casos, incluso los talentos. En tercer lugar, dibujar un horizonte de contornos luminosos, marcado por el distintivo de la promesa, ya que a largo plazo debía aportar desarrollo y ventajas, tanto para cada uno de los protagonistas implicados como para el grupo. Se desarrolló entonces una neolengua que debía adoptar una forma inequívoca, estar dotada de un efecto cautivador y provista de un poder discretamente prescriptivo. Para ello se elaboró un glosario con varias ramificaciones. En primer lugar, una jerga técnica —casi críptica— que crea la impresión de pertenecer a un círculo de especialistas —casi de *happy few*— y por consiguiente de una connivencia gratificante entre quienes captan su sentido. A continuación, palabras en inglés, de resonancias *sexy*, en plena sintonía con la época. Por último, acrónimos que derivan de una economía máxima de tiempo y crean la ilusión de actuar con la mayor eficacia, en perfecta sintonía con la velocidad del mundo. Habría que elaborar algún día un índice detallado de todos estos términos, que fueron acuñados con el único fin de instaurar una regimentación implícita de las conductas de apariencia *cool* y que incluso proporcionan al que los usa una idea superior de sí mismo. No es poca cosa en la historia de la humanidad haber instituido semejante *ethos*, que hoy en día triunfa más que nunca.

La gobernanza mediante órdenes fue sustituida por una *gubernamentalidad mediante la palabra*. Ese cambio es indisociable de la responsabilidad personal a la que la ciencia de la gestión empresarial había apelado, en la medida en que esos procesos requieren tarde o temprano cierto grado de interpretación por parte de los individuos o de los grupos, que hace que los que no consiguen darle la mejor traducción se encuentren fuera de juego o sean declarados ineptos. Se produce además otro efecto de repercusiones temibles. Aquellas y aquellos que no están de acuerdo, que se niegan a hablar esas lenguas, no solo son marginados y tachados de retrógrados, sino que se les prohíbe adoptar otra lengua, *otras lenguas*, es decir, dedicarse a otras prácticas más o menos divergentes que, no obstante, pueden poseer virtudes insospechadas. George Orwell analizó ciertos usos del lenguaje y de sus mecanismos, y constató que podían impulsar algunas formas de sometimiento, representar instrumentos de dominación e incluso suscitar un sentimiento de humillación en quienes no alcanzan a comprender todo su significado.[1] Una política de la lengua hábilmente elaborada tuvo consecuencias decisivas, que paralizaron situaciones vinculándolas a lógicas unilaterales y unívocas, acallando la expresión de la pluralidad y la posibilidad de alternativas, de acuerdo con modalidades que no solo siguen siendo impensables sino que son totalmente ignoradas por la política institucional.

Además, este vocabulario influyó en los responsables políticos, que se dejaron seducir fácilmente por su apariencia glamurosa y sus promesas de eficacia, de modo que lo fueron adoptando hasta considerarlo un vademécum sin igual. Desde el comienzo de los años 2000, las consultorías supieron dotarse de los medios necesarios para ser invitadas a «auditar» los servicios públicos. Los resultados y las recomendaciones procedían todos del mismo credo inspirado en el *new public management*,[2] que postula una racionalización extrema de las prácticas, una reducción sistemática de los costes y en adelante la rápida informatización de todos los sectores, considerada como la panacea de todas las carencias. Consignas que se tomaron como palabras del evangelio y que se aplicaron en los

---

1   Cf. George Orwell, «Politics and the English Language», *Horizon*, vol. 13, n.° 76 (1946), pp. 252-265.
2   Sobre los orígenes y la historia del *new public management*, cf. Johann Chapoutot, *Libres para obedecer*, trad. de Elena M. Cano e Íñigo Sánchez-Paños, Madrid, Alianza, 2022.

hospitales, las escuelas, las universidades, la justicia, la policía, la administración… Al respecto, es obligado volver a los primeros meses de la crisis del COVID, a la primavera de 2020, cuando había una escandalosa falta de camas en cuidados intensivos, los sanitarios estaban desbordados y a menudo faltos de material, lo que hizo que en muchos países se efectuara un triaje de los enfermos, generalmente siguiendo el criterio de la menor edad.

Conocemos hoy un caso de libro, sumamente elocuente. Durante una década, Capgemini fue, sobre todo en Francia, el motor de la «transformación» y de la «modernización» de los hospitales. En 2018, el Tribunal de cuentas examinó esta inquietante injerencia y llegó a conclusiones muy duras, basadas en entrevistas con las distintas partes interesadas:

> «Se presentan en todas partes con las mismas tablas de Excel, los mismos diaporamas, pero apenas conocen la realidad sobre el terreno», se lamenta el director de un establecimiento, que afirma que «acabamos aceptando estas empresas que no son responsables ante nadie, pero que fijan el número adecuado de camas». […] Otro director también dice: «Lo que me molesta es que los consultores acaban decidiendo la política pública».[3]

Todo esto, por supuesto, utilizando una serie de expresiones «destinadas a impresionar», como explica en una breve obra el neurocirujano Stéphane Velut, al evocar seminarios donde «"brillantes expertos de consultorías privadas contratadas a

---

3   Samuel Laurent, «Des restructurations au coronavirus, l'apport controversé des cabinets de consulting à l'hôpital», *Le Monde*, 5 de junio de 2020. (Considero que este artículo es de los más instructivos de esos últimos años).

precio de oro decían abiertamente "que había que transformar el hospital de *stock* en hospital de flujo". Traducción: hay que tener más enfermos durante menos tiempo».[4]

Se creó un nuevo y repentinamente más complejo mapa de la distribución de poderes, retomando la expresión de Montesquieu. Como resultado de la creciente expertización de la sociedad, que impuso un régimen de conocimiento supuestamente «objetivo», incluso científico, al que había que adaptarse, a riesgo de parecer rezagado. En este sentido, la introducción de entidades privadas en la gestión de los servicios públicos fue acompañada de una tendencia a la privatización de la vida política. Como hizo Emmanuel Macron cuando, en el invierno de 2021, pidió a la consultoría McKinsey que organizara la campaña de vacunación contra el COVID. Fenómeno que hay que interpretar como un potente signo del descrédito de lo público, en provecho de una administración —unilateral y ultratecnificada— de la sociedad, que sustituye a la política.

No es casual que esta creencia se basara en la ideología del futuro, que floreció especialmente a partir de los años 2000, prometiendo el advenimiento de un mundo que pronto estaría libre de cualquier defecto. Una especie de zanahoria puesta delante de un burro, que a unos les permitía obtener buenas ganancias, y a otros ahorrar, tanto en el sector privado como en el público, a la vez que tenían la impresión, gracias al apoyo de eminentes visionarios, de ser eficientes en el sentido correcto de la historia y de poder demostrarlo claramente a todos los reticentes. Pues el hecho de confiar sobre todo en el futuro supone que hay personas situadas en la vanguardia de los tiem-

4 Stéphane Velut, *L'Hôpital, une nouvelle industrie*, París, Gallimard, col. «Tracts», 2020, p. 16.

pos, erigidas en sabios exploradores y al corriente de muchas cosas, lo que dota a sus palabras y a sus recomendaciones de un aura de verdad difícilmente refutable. Mecanismo que Ivan Illich detectó con perspicacia hace casi medio siglo y que desde entonces ha adquirido un cariz completamente distinto: «En nuestros días existe la tendencia a confiar a un cuerpo de especialistas la tarea de sondear y anunciar el futuro».[5]

Precisamente el hecho de haber dejado la puerta abierta de par en par a esta ingeniería social y política contribuyó a convertir en un hecho aceptado el principio de la «transformación digital» de todos los sectores. La que además ha favorecido formas de gerencia empresarial implacables, una enseñanza en la escuela pública basada en plataformas digitales privadas y una justicia que introduce sistemas expertos en los tribunales. Usos que tienen un montón de repercusiones sobre los cuerpos y las mentes, y que además provocan una reclasificación de algunas competencias y reducciones de personal. Y que también están presentes en el ámbito de la sanidad, donde a principios de la década de 2010 toda una industria se dedicó a concebir sistemas de inteligencia artificial, con unos costes de adquisición descomunales, que iban a dejar obsoleta la experiencia humana y presuntamente prometían, por ejemplo, «vencer el cáncer», como había proclamado por aquel entonces un anuncio publicitario de IBM. En ese sentido hay que leer este artículo, enormemente importante, aparecido en marzo de 2021 en *Statnews*, que describe la manera en que IBM, que entonces estaba implicada en la «medicina de los datos», había lanzado campañas de *marketing* que prometían el oro y el

---

5   Ivan Illich, *La Convivialité* [1973], París, Seuil, 2014, p. 30 (trad. cast.: *La Convivencialidad*, Barcelona, Virus, 2011).

moro, muy lejos de la realidad. Diez años más tarde, tras una serie de fracasos y de fugas organizadas por antiguos mandos, la empresa reconoce haber presentado los hechos de manera deliberadamente errónea y haber sobrevendido soluciones no solo ineficaces sino además inútiles.[6]

Es propio de la «ideología del futuro» obstaculizar cualquier otra vía que no sea la única, anunciada en general como brillante, que ya está totalmente trazada de antemano. Se trata de *métodos de impedimento*, parecidos en cierto modo a lo que, según Simone Weil, inducen los partidos políticos, que elaboran programas que son como catecismos que hay que observar: «El móvil del pensamiento ya no es el deseo incondicionado, no definido, de la verdad, sino el deseo de conformidad con una enseñanza establecida de antemano».[7] Además, esta contribuye intensamente, aunque de forma solapada porque tiene aires de evidencia, a moldear la sociedad, sin dejarnos la libertad de cuestionar la validez de sus presupuestos. Es exactamente lo que ocurrió con la industria de lo digital, por cuyas repercusiones, como hemos dicho, estamos pagando hoy un alto precio. Pues vivimos en una época en que más que nunca *los discursos preceden a los hechos*. En muchos ámbitos de nuestras vidas, situaciones forjadas por terceros acaban imponiéndose por sí mismas, dado que han sido preparadas por un trabajo de propaganda sostenido, aunque sordo, y dotadas de las tres poderosas características de la inevitabilidad, la eficacia y el ahorro de costes.

6   Casey Ross y Mario Aguilar, «IBM et la santé: récit d'un fiasco», *Stat*, 8 de marzo de 2021, en *Courrier International*, n.° 1594, 20-26 de mayo de 2021.
7   Simone Weil, *Note sur la suppression générale des partis politiques* [1950], París, Allia, 2017, p. 36 (trad. cast.: *Nota sobre la supresión general de los partidos políticos*, trad. de Abel Vidal, Palma de Mallorca, José J. de Olañeta, 2022).

Si hemos sido sobrepasados por estas hábiles estratagemas, es sin duda porque seguimos manteniendo un concepto limitado del uso político de la palabra, que supone ante todo debatir y dar la opinión, siguiendo la tradición de las asambleas. Aunque esas modalidades todavía pueden ser pertinentes de vez en cuando, no vivimos en una época en que se solicite nuestra opinión, o en todo caso solo se hace de manera superficial, sino en la que poderosas fuerzas se dedican a conseguir el triunfo de sus objetivos, independientemente de cuál sea nuestra opinión, utilizando un léxico muy sofisticado. Por eso conviene poner en práctica una *contrapolítica del lenguaje* utilizando dos armas que debemos aprender a afilar: una crítica durísima de toda una fraseología que, a pesar nuestro, tiene consecuencias en nuestras realidades cotidianas. Esas mismas realidades cotidianas que, ignoradas con demasiada frecuencia o distorsionadas por diversas razones, debemos aprender a narrar y a dar a conocer con toda su crudeza a la mayoría de la gente. Para desmentir con pruebas representaciones sesgadas y para que, a partir sobre todo de esos relatos, puedan aplicarse posibles medidas de transformación virtuosa. Y eso en las antípodas de cierto discurso, hecho de eternas cantinelas pronunciadas bajo los focos por los representantes de la política institucional —y que para la mayoría siguen siendo pura retórica—, o también de la inflación opiniológica en las «redes sociales», totalmente estéril y que solo sirve para satisfacer los egos. Sería el *bios politikos*, la característica de nuestra condición política, tal como la definió Aristóteles y retomó Hannah Arendt. Esto es, una tensión indisociable y fructuosa entre la palabra y el gesto, la que hoy en día nos insta a adoptar un verbo impregnado de conciencia y capaz de movilizar, en un mismo movimiento, nuestra responsabilidad activa.

2. LA SOCIEDAD CRÍTICA

Ha llegado la hora de una protesta masiva. Contra el capitalismo, los gobiernos y las instituciones. Podríamos argumentar que nunca como hoy la crítica por parte de sensibilidades de todas las tendencias ha sido tan extensa, virulenta y continuada, hasta el punto de convertirse en la tónica dominante de nuestra relación con las instancias del poder, que ha generado innumerables tensiones de evolución tan incierta como peligrosa. Sin embargo, sobre esos abusos, que son denunciados constantemente, ¿tenemos conciencia de que en parte somos responsables de ellos? Y si lo somos, es por dos motivos. Por una parte, porque hemos favorecido un uso en cierto modo despersonalizado de la discrepancia, y por la otra porque hemos olvidado la cuestión altamente estratégica de la temporalidad justa.

Existen dos tipos de crítica, muy distintos, en sus modalidades y sobre todo en sus efectos. El primero se produce *a posteriori*, y a menudo a distancia de los hechos. La característica de esta postura es que establece una partición binaria entre los presuntos culpables y las víctimas, fomentando la satisfacción de estar en el lado bueno, aunque no se esté en la mejor disposición para cambiar las cosas. El segundo se dedica a cuestionar los discursos, las decisiones, en el momento en que se enuncian o se toman, a fin de contener sus efectos allí donde es probable que se declaren. Esta conciencia, que se manifiesta actualmente en relación con situaciones consideradas problemáticas, podríamos llamarla *crítica pragmática* y es la que en muchas ocasiones deberíamos adoptar. Y además, a diferencia de la primera, no se expresa hacia el poder, entendido como algo que está por encima de todo, casi anónimo, sino más modestamente y de forma más tangible *allí donde tienen lugar los juegos de poder de forma más o menos subrepticia.*

La característica de estas conductas es que se despliegan en el terreno donde nos movemos y por todos los actores que se sienten concernidos. Por esta razón, esta forma de crítica tiene una dimensión popular, profundamente democrática, en su sentido literal, lejos de un régimen teórico monopolizado generalmente por algunas figuras designadas. Se basa en unos principios claramente definidos: en cuanto las intenciones empiezan a ser injustas, degradantes y capaces de provocar regresiones, conviene, teniendo en cuenta el alcance de las consecuencias que pueden derivarse, someterlas a juicio y oponerse antes de que se afirmen y sea demasiado tarde. Eso supone, en primer lugar, dejar de mostrarse crédulo y pasivo ante la jerga empresarial y organizativa, que tiene muchos más efectos que montones de discursos políticos o medidas gubernamentales. Pero este punto decisivo, que sigue anclado a patrones obsoletos, no llegamos a captarlo, a dominarlo, aunque se trata de una cuestión crucial.

Cabe señalar a este respecto dos casos muy emblemáticos, porque tienen repercusiones en las prácticas de muchas empresas y, en consecuencia, en su personal. Se trata de dos multinacionales que operan en la industria de la consultoría y de la inteligencia artificial, Accenture e IBM. Tanto una como otra están dando información constantemente, con la ayuda de equipos que, como hemos dicho, son los nuevos poetas de la vida contemporánea, o los grandes artesanos de un «lenguaje opiáceo». Tomemos como ejemplo extractos de miles de líneas y de una decena de informes anuales publicados en el sitio web de Accenture: «CFO: dominar la velocidad para un valor innovador / Aprovechar las tecnologías inteligentes, extraer el valor de los datos y fortalecer las habilidades de los talentos». «Business of Experience / Pasar de la Experiencia del cliente al Negocio de la experiencia». «Visiones sobre el Cambio / De la visión a la acción: en dirección a un valor de 360°». Básicamente, no se entiende nada; se priorizan los tonos evocadores, casi crípticos, pero tranquilos, ¡eminentes especialistas nos guían hacia un futuro hecho de un valor de 360°!

Es evidente que esas personas no han entendido nada de los cambios que se están produciendo en las mentalidades, o los perciben con preocupación, pero sepan esto: no tienen intención de rendirse, al contrario, y la prueba, en prosodia tecnolírica de altos vuelos, es la siguiente: «La pandemia ha reducido el tiempo dedicado a la #Transformación digital. Descubra cómo acelerar la adopción de #tecnologías puede ponerle por delante de sus compañeros. Nuestro nuevo estudio presenta las 3 estrategias clave que algunas empresas han adoptado para superar a sus rivales en la adopción de las #tecnologías». Siempre es el mismo mantra, el que insta «a adelantarse a la competencia» a base de contratos de decenas de millones de euros, que conducen a la digitalización de todo lo que todavía es susceptible de serlo, incluyendo la máquina de café o la cisterna del inodoro.

Antes de la pandemia de COVID-19, habíamos constatado que los líderes tecnológicos crecían 2x más rápido que los retrasados. Según nuestro último estudio, esos líderes han duplicado sus inversiones en tecnología, y su crecimiento actual es 5x más rápido que el de los retrasados. También hemos identificado a un grupo de saltadores de obstáculos, que han dado un salto tecnológico, sobrepasando a los de su mismo nivel y reduciendo la distancia con los líderes.

Obsérvese el llamado «retraso» en la «carrera de la innovación», que representa el pecado máximo; la expresión subsiguiente y pintoresca «saltadores de obstáculos»; «nuestro estudio», solo interno, cuyo valor convendría examinar; y también el término «veces», que se ha sustituido por una «x», probablemente para crear un efecto de connivencia técnica.

«La #equidad, la #diversidad y la #inclusión son esenciales en todos los equipos IBM, en todo el mundo». «Design System, un enfoque holístico & eficaz ¡gracias a un referencial accesible a todo el mundo!». «20 años de #compromiso con la #diversidad. El núcleo de su conferencia anual: los avances y los retos de la igualdad profesional. Excluido: el pacto "Mujeres & IA" por una #IA responsable, presentada como no sexista. Stay tuned!». Donde se utilizan, de manera realmente muy ingenua, palabras de moda mezcladas con salsa tecno último grito y buenas intenciones, y eso es todo. Podríamos seguir hablando extensamente de esta prosa; es saludable leerla con ironía, pero ¿captamos el alcance de sus consecuencias en nuestras vidas? Por eso ha llegado el momento de rechazar claramente todas esas extravagancias verbales que han intentado que nos traguemos desde hace veinte años. Esas historias recurrentes de *brainstorming*, de «Power Point», de «crecimiento sostenible», de «inclusivo», de «empático», de «cooperativo», y de *Chief Happiness Officer*... Sí, debemos afirmar alto y claro, dondequiera que estemos, que en estos años 2020 ya no aceptaremos esta grandilocuencia retórica, dada nuestra amarga experiencia y en nombre de la moral más elemental. Y todo esto por culpa de un número reducido de personas que provocan amplios efectos sobre nuestras vidas, a menudo nocivos, mucho más que toda una política institucional que ingenuamente nos empeñamos en creer que constituye la principal palanca para la reforma de la sociedad. El filólogo Victor Klemperer, en su conocido libro *LTI, la lengua el Tercer Reich*, afirmaba que «las palabras pueden ser como minúsculas dosis de arsénico; uno se las traga sin prestar atención, parecen no hacer ningún efecto, y al cabo de un tiempo el efecto tóxico se deja sentir».[8] ¿Cómo no ver hoy todos los efectos tóxicos ocasionados por esta industrialización y esta privatización de la palabra, que hemos dejado proliferar, casi sin réplica, desde hace muchas décadas?

Lo que caracteriza a las empresas es que están constituidas por una infinidad de sociedades secretas. Son mundos abiertos al exterior, pero casi todo lo que ocurre en su interior —como en las familias o en las casas— se produce fuera de la vista de quienes no forman parte de ellas. Dos rostros, uno oculto, el otro más aparente, estructuran cualquier entidad profesional. De ella salen con regularidad productos e informaciones, pero en su interior algo escapa a nuestro conocimiento. Es muy normal que muchos hechos no salgan a la luz pública, puesto que pertenecen a esferas privadas, aunque se supone que están regidas por un conjunto de reglamentos y normas jurídicas. Es un mundo situado a la vez en la sombra y en la luz. Sin embargo, hay personas de fuera que consiguen a veces,

---

8   Cf. Viktor Klemperer, *LTI, la langue du IIIe Reich* [1947], París, Pocket, 2003, p. 76 (trad. cast.: *LTI: la lengua del Tercer Reich. Apuntes de un filólogo*, trad. de Adan Kovacsis, Barcelona, Minúscula, 2001).

quiérase o no, sentarse a la mesa de esos medios cerrados, a fin de observar ciertas prácticas y con la intención más o menos clara de desvelar los posibles defectos, y hasta las iniquidades que hay en ellos.

Sobre esta cuestión, cabe mencionar las grandes monografías —muy poco conocidas hoy— de la escuela leplaysiana, o las obras de Léon y Maurice Bonneff que, a comienzos del siglo XX, introdujeron a sus lectores en la vida diaria de los talleres.[9] Comenzaba una sociología dispuesta a examinar de cerca las realidades vividas —casi siempre con sufrimiento—, al margen de un único y frío enfoque estadístico. También hay que leer a Michelle Perrot, que siguió las investigaciones, a menudo peligrosas para quienes se atrevían a hacerlas, llevadas a cabo en el mundo obrero en Francia a lo largo del siglo XIX.[10] En la posguerra, los sociólogos de la Segunda Escuela de Chicago, especialmente Erving Goffman y Howard Becker, consideraban que no hay nada más subversivo, y posiblemente transformador, que las descripciones precisas del estado de las cosas. Recordemos también los estudios más empíricos, en los que George Orwell o Jack London estaban plenamente implicados, hasta el punto de identificarse con los grupos a los que observaban, para luego publicar *El camino a Wigan*[11] y *El pueblo del abismo*.[12]

9   Cf. en especial, Léon y Maurice Bonneff, *La Vie tragique des travailleurs. Enquêtes sur la condition économique et morale des ouvriers et ouvrières d'industrie*, París, J. Rouff, 1908, y *La Classe ouvrière*, París, Éditions de la Guerre sociale, 1910.
10   Michelle Perrot, *Enquêtes sur la condition ouvrière en France au XIXe siècle*, París, Microéditions Hachette, 1972.
11   George Orwell, *El camino a Wigan Pier* [1936], trad. de Ester Donato, Barcelona, Destino, 2012.
12   Jack London, *El pueblo del abismo* [1903], trad. de José Luis Moreno-Ruiz, Madrid, Valdemar, 2003.

Son muchos los testimonios procedentes de conciencias decididas a analizar situaciones derivadas del exceso que desprecian los derechos y la dignidad de las personas. *De cadenas y de hombres*,[13] obra del filósofo Robert Linhart, publicada en 1978, que relata en primera persona su experiencia como obrero en una fábrica de Citroën, es uno de los ejemplos más emblemáticos. En ella se describen las durísimas condiciones del trabajo en cadena, la condición de intercambiabilidad de los individuos, los efectos nocivos producidos en los cuerpos y en las mentes por concepciones puramente teóricas desarrolladas por expertos en la gestión empresarial. En este sentido hay que felicitarse por la reciente proliferación de iniciativas con un enfoque documental, obra de sociólogos o periodistas que se han arriesgado a infiltrarse. Como Nicolas Jounin, que, tras haber conseguido que le contrataran como cartero, en su obra *Le Caché de la Poste* relata cómo se impone un ritmo cada vez mayor, presuntamente calculado de manera científica, que convierte el recorrido en un acto impersonal, estrictamente mecánico y constantemente supervisado.[14] O también el reportaje muy instructivo «Almacenes, un mundo despiadado»,[15] que revela con crudeza y abiertamente algunas consecuencias nocivas provocadas por la continua expansión del comercio en línea, que ha creado métodos de organización logística que en realidad son propios de una esclavitud moderna. Poner bajo los focos todos esos *back-offices* contemporáneos, que re-

---

13   Robert Linhart, *De cadenas y de hombres*, trad. de Stella Mastrangelo, México, Siglo XXI, 1979.

14   Nicolas Jounin, *Le Caché de la Poste. Enquête sur l'organisation du travail des facteurs*, París, La Découverte, 2021.

15   «Entrepôts, un univers impitoyable», emitido en *Envoyé spécial* en Francia el 28 de enero de 2021, realizado por Pierre Gault, Jacques Olivier Bénesse y Vincent Gobert, producido por Capa Presse.

presentan a tantas *black boxes*, cajas negras, tiene una enorme importancia cívica y moral. Estas son algunas de las modalidades posibles y concretas del trabajo de investigación, tal como lo promovió John Dewey, para quien ese trabajo debía hacerse de inmediato, para poder llevar a cabo así las correcciones necesarias e incluso la oposición directa: «La investigación ha de ser lo más contemporánea posible; de lo contrario, no tiene más que un interés de anticuario».[16]

Hay que recuperar, en distintos niveles de la sociedad, esas iniciativas que nos instan a desvelar inconsecuencias, injusticias y sufrimientos, para desmontar las representaciones sesgadas que con demasiada frecuencia ocultan las realidades. Por eso creemos que es nuestro deber narrar nuestras experiencias allí donde lo consideremos urgente. En ese sentido debería activarse toda una dinámica del testimonio, por supuesto, la que procede de los actores del sector privado, pero también de la administración pública, de la escuela, de la universidad, del hospital, de la justicia, del mundo carcelario… Si el personal del hospital, por ejemplo, hubiese expuesto sus condiciones generales de trabajo mediante procedimientos formales estructurados, seguramente las correlaciones de fuerza no hubieran sido las mismas. Las consultoras no hubiesen actuado con tanta arrogancia, el público, al sentirse concernido directamente, habría intentado ejercer más influencia, y los responsables políticos se habrían mostrado menos dispuestos a dejarse hipnotizar por recomendaciones tecnocráticas inspiradas por dogmas absurdos. Es una de las condiciones obligadas para que en democracia no sigan manteniéndose los abusos, pero también para que

16   John Dewey, *La opinión pública y sus problemas* [1927], trad. de Ramón del Castillo, Madrid, Morata, 2004, p. 154.

puedan emprenderse acciones transformadoras virtuosas. Sobre
esta cuestión, podemos aprender de esta reflexión de Frantz
Fanon, para quien: «Toda experiencia, sobre todo si se revela
infecunda, debe entrar en la composición de lo real y, por ahí,
ocupar un lugar en la reestructuración de esa realidad».[17]

La característica del testimonio es que no solo da cuenta de
una realidad pasada o presente, sino que siempre señala implícitamente que las cosas podrían haberse desarrollado de otra
manera, desacreditando así nuestras actuaciones anteriores y
obligándonos por ello a concebir otras modalidades más consecuentes. En este sentido, no solo actúa como revelador, sino
también en cierto modo como revelación, ya que es capaz
de percibir perspectivas que, sin su intervención, no podrían
haberse previsto. Por esta razón el testimonio tiene una importancia política crucial, puesto que poner en conocimiento
de todos hechos generalmente ignorados hace que un determinado estado de cosas sea tenido en cuenta y se desmientan
con pruebas —en el sentido casi jurídico de la prueba— representaciones erróneas o deliberadamente sesgadas. «No darás
falso testimonio», dice el noveno mandamiento de la Biblia;
prescripción que consideramos un principio jurídico-político
intangible, pues en una sociedad que no es nunca totalmente
transparente, en la que existen agujeros, zonas de sombra y
partes desconocidas, todos podemos sentir, frente a los demás
y la colectividad, que tenemos la responsabilidad de declarar. Ya
que todos somos capaces, si lo juzgamos necesario, y teniendo
en cuenta los valores fundamentales que nos unen, de dar a

17   Frantz Fanon, *Piel negra, máscaras blancas* [1952], trad. de Iria Álvarez
Moreno, Paloma Monleón Alonso, Ana Useros Martín, Madrid, Akal,
2009, p. 69.

conocer situaciones, sobre bases reales y vividas, sin intentar tergiversarlas, a riesgo de estar engañando a personas o entidades. Y lo que podemos decir es que toda esa neolengua y la opinión que contribuye a propagar se burlan de ese deber moral, ya que han conseguido, con brillantez y un notable arte de influir, ponernos una venda en los ojos. La filósofa Simone Weil, que hizo que la contrataran en una fábrica para comprobar *in situ* cuáles eran las condiciones de trabajo, quiso narrar, como un desafío personal político casi religioso, su experiencia y la de todos sus compañeros sometidos a terribles penalidades y a la negación continuada de su singularidad. Convicción que la llevó, de acuerdo con su reciente fe cristiana, a retomar casi en nombre propio las palabras de Jesucristo a propósito del testimonio, considerado la primera confirmación de la verdad porque rechaza el carácter enfático y posiblemente engañoso del lenguaje: «Cuando Poncio Pilatos preguntó a Cristo: "¿Qué es la verdad?", Cristo no contestó. Ya había contestado de antemano diciendo: "Vine a traer testimonio para la verdad"».[18]

Por esta razón debemos efectuar una reestructuración formal del acto de testimoniar, para que pueda formularse fácilmente y, según los deseos y las circunstancias, manifestarse de muchas maneras: folios de declaraciones públicas, revistas, libros, documentales… Muy lejos, por tanto, de la vanidad de «compartir» enlaces en las «redes sociales», de su cacofonía ensordecedora donde solo prima la palabra y todos dan su opinión sobre casi todo. En cambio el testimonio no necesita ser comentado, sino simplemente ser tenido en cuenta cuando se considera que lo que se denuncia merece nuestro compromiso. Si unos equipos

18   Simone Weil, *Note sur la suppression générale des partis politiques, op. cit.*, p. 30.

de sanitarios constatan de forma muy clara y en todas partes que existe una cruel falta de camas y de material, no hay nada más que decir, ¿qué se puede añadir? Simplemente, actuar o no en consecuencia y, llegado el caso, decidirnos a corregir esas situaciones, sin prestar la más mínima atención a quienes afirman con enorme arrogancia que «hay que transformar el hospital de *stock* en hospital de flujo».[19] Esto sería construir una «sociedad crítica», trabajar para no ser engañados y efectuar una separación rigurosa entre lo verdadero, por una parte, y lo erróneo y abusivo, por la otra.

En las antípodas, no obstante, de los actuales delirios que imaginan que dirigen el curso del mundo toda clase de maquinaciones, que no hacen más que exacerbar la naturaleza potencialmente quimérica del lenguaje y acaban generando resentimiento y ganas de enfrentamientos. En cambio, establecer esta separación, no a partir de opiniones o de elucubraciones, sino de hechos de cuya correspondencia con realidades vividas por uno mismo o por otros damos fe ante la sociedad, es negarse a ser pasivo, a dejarse arrastrar por la tristeza y el rencor, para decantarse por la acción movida por la esperanza. Se trata de una dimensión política fundamental, mucho más que cualquier elección. Sin embargo, representa hoy un punto ciego de nuestra responsabilidad colectiva. Aunque han transcurrido cuatro décadas, llegan a nosotros unas palabras que están en consonancia con lo que nos atañe de forma inmediata. Proceden del prefacio que había preparado Michel Foucault para un tomo de la *Historia de la sexualidad* al que renunció:

> Por pensamiento entiendo lo que instaura, en diferentes formas posibles, el juego de lo verdadero y de lo falso y, en consecuencia,

---

19   Cf. *supra*, p. 120.

constituye al ser humano como sujeto de conocimiento; lo que funda la aceptación o el rechazo de la regla y constituye al ser humano como sujeto social o jurídico; lo que instaura la relación consigo mismo y con los otros y constituye al ser humano como sujeto ético.[20]

---

20   Michel Foucault, *Dits et écrits (1954-1988)*, tomo IV: 1980-1988, París, Gallimard, 1994, p. 579 (trad. cast.: «Historia de la sexualidad: un prefacio», en E. Castro (ed.), *La inquietud por la verdad. Escritos sobre la sexualidad y el sujeto*, trad. de Horacio Pons, Buenos Aires, Siglo XXI, pp. 188-189).

3. ESE (ENGAÑOSO) «SOCIAL-ECOLOGISMO» QUE VIENE

Ocurren a veces hechos que por sí mismos son testimonio de la quintaesencia de una época. Y pueden ser de tal magnitud que es difícil, incluso imposible, captar su alcance en el momento. A comienzos de la presente década se produjo un fenómeno de estas características. Un virus, que se propagó a la velocidad de la luz por todo el planeta, nos obligó, de la noche a la mañana, a permanecer encerrados en casa y a no salir de ella más que unos breves momentos para asegurarnos las necesidades básicas. Fue una experiencia inédita, una conmoción experimentada en todas partes, de las que solo ocurren una vez por siglo, porque modificó totalmente nuestros hábitos y nuestras formas de vida. Y fue tan desconcertante que nosotros, los humanos, propensos a la interpretación, no pudimos evitar el deseo inmediato de descifrar su sentido. Había que considerar esta deflagración como un espejo de aumento de nuestras faltas, de nuestros errores, de todos los excesos cometidos durante tanto tiempo.

Y en primer lugar, de los errores y excesos derivados de las lógicas ultraliberales que habían provocado una falta de regulación, un retroceso de los servicios públicos, una globalización causante de desigualdades y profusión de consumo, una urbanización creciente y la devastación de la biosfera. Sobre estas cuestiones surgieron oleadas de comentarios, en los periódicos, en las radios, en los platós de televisión y en las «redes sociales», que realizaban una síntesis final de las consecuencias provocadas por todas estas desviaciones. En virtud de ellas, que, como una oportunidad histórica que no se podía dejar pasar, había que ponerse a trabajar de inmediato para el advenimiento de un «mundo de después». Una especie de *reset*, de reinicio, para un horizonte infinitamente más deseable y luminoso. Pero lo que en realidad actuaba como un potente síntoma, contrariamente a lo que se afirmaba, no era tanto esta pandemia que había puesto al descubierto nuestra irresponsabilidad culpable, como esos repentinos arrebatos líricos, que había que considerar reveladores de la relación, llena de emociones, que mantenemos con las instancias habituales del poder.

Pues lo que caracterizaba a la inmensa mayoría de esos discursos era una virulenta recriminación a los gobernantes y a la vez una confianza casi ilimitada en ellos. Les reprochábamos que se hubiesen dejado dominar fácilmente por agentes económicos sin escrúpulos, que hubiesen aceptado sus dogmas, que hubiesen sido cómplices del envenenamiento de nuestro medio ambiente y de nuestros cuerpos, cuando se supone que deberían representarnos y preocuparse ante todo del interés general. Tanto era así que llegamos a pedirles que a partir de entonces lo tuvieran en cuenta, ya que de lo contrario lo pagarían caro. Al mismo tiempo, empezábamos a imaginar la posibilidad de otros comportamientos más honestos por su parte, capaces de librarnos de ese sistema mortífero. Lo más sorprendente es que nunca se nos ocurrió hacer un ejercicio de introspección, una crítica de nuestras propias representaciones, de los hábitos en los que tal vez, y erróneamente, nos habíamos enredado, pero tampoco de nuestras esperanzas, que en ese caso habían adquirido proporciones desmesuradas.

Sin embargo, no somos del todo ingenuos, y captamos muy bien las contradicciones de esos esquemas, de los que somos prisioneros, que han mostrado constantemente sus límites, han tenido efectos nocivos y por ello deben ser reconsiderados. Desde hace un tiempo han surgido dos movimientos dispuestos a trabajar en esta línea: uno «desde abajo» y otro «desde arriba». El primero desarrolla muchas ideas, que estuvieron en boga desde mediados de la década de 2010, elaboradas tanto por teóricos como por miembros de la sociedad civil, que aspiran a «revitalizar la democracia». Se pide un mayor reconocimiento de la voluntad popular en forma de procesos «participativos», o de convenciones ciudadanas, que han de pronunciarse con total independencia sobre algunos temas fundamentales de la sociedad, sobre todo ecológicos. Se pretende priorizar el recurso al referéndum, hacer que todos podamos pronunciarnos regularmente sobre las grandes cuestiones que nos afectan, utilizando papeletas con una única alternativa: sí o no. O se reclama la designación de responsables por sorteo, para poner fin a las ambiciones personales;[21] además, esta designación sería revocable, lo que permitiría dar una expresión concreta, y durante el mandato, a nuestro descontento. ¿Acaso no vemos los dos defectos ocultos tras esas buenas intenciones aparentes? En primer lugar, la primacía de la delegación como piedra angular de la vida política, independientemente de la introducción de otros niveles y modalidades, no hace más que situar a un lado

21   A modo de ejemplo elocuente, entre otros muchos, cf. Paul Le Fèvre, *La démocratie c'est vous! Pour le tirage au sort en politique*, París, Alma, 2019. El autor, abogado penalista de profesión, se basa en su experiencia en los tribunales y en el comportamiento de los jurados, elegidos por sorteo, para afirmar que el traspaso de este procedimiento al ámbito político «no solo constituiría un avance democrático notable, sino que también sería un importante factor de concordia».

las personas influyentes y, al otro, a una especie de espectadores, que pueden aplaudir o no según la calidad de la actuación. De acuerdo con unas actividades que hoy en día son la principal causa de nuestras frustraciones y de nuestros resentimientos. En segundo lugar, la gran escala, que hace que resoluciones aprobadas por millones de individuos apenas modifiquen, y casi siempre superficialmente, nuestras condiciones de vida.

El segundo movimiento se produce en el ámbito de la «gran política». Muchos de sus representantes, desde la crisis del COVID, promueven la restauración de un Estado del bienestar, más regulación, solidaridad e inversiones en los servicios públicos, una fiscalidad más justa, la consideración de los imperativos ecológicos y el advenimiento de una economía que sería por fin «social y ecológicamente responsable». En ese caso, no distaríamos mucho del soñado mundo de «después». Es como si en una fracción de segundo se hubiera producido una gran conversión y la mayoría de los partidos y de los representantes electos hablaran con una única voz, y una especie de «social-ecologismo», con ligeras variaciones aquí y allá, se hubiera impuesto al dogma liberal que, desde el hundimiento del imperio soviético, se ha ido imponiendo en casi todas las formaciones del espectro político. Aunque todo esto parece a primera vista digno de alabanza, conviene distinguir su principal fallo. Imaginarse que ese espíritu y su consiguiente batiburrillo de medidas curará la mayoría de los males de la sociedad, pero sin dar respuesta a la cuestión más urgente de nuestro tiempo: hacernos más activos y vivir una vida plena. Si se observa con detenimiento, ese conjunto de creencias corre el riesgo de actuar de pantalla y hacernos cerrar los ojos ante cuestiones apremiantes.

Tras las obras críticas sobre el neoliberalismo, la tendencia de moda es rivalizar en intenciones con la mano sobre el corazón, apelando a una «república altruista», a una «sociedad fraternal», a un «humanismo ecológico» y a otras expresiones de la misma índole, similares a las acuñadas por las consultorías, que por fuerza se habrían adaptado al nuevo talante de los tiempos. En las estanterías de las librerías abundan ya los libros que proclaman las innumerables virtudes prometidas por el gran giro «poscovid» anunciado, y que, por su repentina profusión y repetición de las mismas palabras llenas de entusiasmo y de esperanza, rozan un buenismo que puede virar hacia una casuística del desarrollo personal, ahora con una dimensión colectiva. Emerge un neoconformismo, de apariencia tranquilizadora, que es necesario criticar. Ya que es susceptible de ignorar las lecciones del pasado y subestimar a la vez las partes de negatividad inherentes a todo orden social, especialmente las estructuras nocivas que se crearon con el auge irrefrenable del tecnoliberalismo y de la economía de los datos y de las plataformas, y que hoy están profundamente arraigadas. Todo esto, en un mundo que aparenta virar a mejor y que, sin embargo, está plagado de bajos fondos cada vez más irrespirables, a los que en realidad solo puede oponerse la instauración resuelta, y extensa, de formas de vida dignas y armoniosas.

El fenómeno que destaca de forma insidiosa es ver cómo aspiraciones manifestadas de forma creciente desde hace dos décadas —al margen del marco institucional y a menudo en contra de él— son retomadas y hasta monopolizadas por ese mismo marco institucional, que de este modo puede conducir a formas estandarizadas, desposeídas con el tiempo de su ardor inicial. A este respecto, debemos prestar atención a las conclusiones extraídas por el sociólogo ruso Moisei Ostrogorski, quien, a principios del siglo XX, empezó a estudiar en Estados Unidos y en Gran Bretaña el papel de los partidos políticos, inevitablemente destinados, en su opinión, a no ser más que máquinas dirigidas a monopolizar las energías populares dispersas, para privilegiar una aplicación única, desde arriba, de sus objetivos. Su gran mérito estriba en haber sabido mostrarse lúcido respecto a esta cuestión, negándose a la vez a hacerse ilusiones sobre la perspectiva de erradicar ese formalismo para sustituirlo por un único florecimiento de iniciativas individuales y colectivas, que invitan más bien a combinar con inteligencia el poder institucional y el que emana de la acción de todos:

> La verdadera liberación de las energías pasa por la marginación de todos los partidos políticos, la creación por el pueblo de nuevas formas de organizaciones políticas basadas en la democracia, la participación de todos, la responsabilidad de cada uno respecto a las cuestiones comunes; en resumen, por el renacimiento de un pensamiento y una pasión verdaderamente políticos, que al mismo tiempo contemplarían con lucidez los resultados de la historia de los dos últimos siglos.[22]

Construir hoy una sociedad crítica supone realizar, a la luz de nuestras experiencias pasadas y de nuestras aspiraciones actuales, una pertinente y sana distribución de nuestras expectativas y de nuestras atribuciones. Pues no se trata de hacer ver que ignoramos la política institucional que, en cierto modo, emana de nosotros e influye en partes importantes de nuestras vidas. Por eso conviene reflexionar detenidamente, más allá de las buenas intenciones mostradas, las cuales, como sabemos, pueden malograrse rápidamente —sobre todo tras la «conquista del poder»—, para que se priorice el interés general,

---

22   Moisei Ostrogorski, *La Démocratie et les partis politiques* [1903], París, Seuil, 1979, p. 42 (trad. cast.: *La Democracia y los partidos políticos: conclusión de 1912*, trad. de Andrés Alonso Martos, Madrid, Trotta, 2008).

3. Ese (engañoso) «social-ecologismo» que viene

la calidad de los servicios públicos, algunos mecanismos de solidaridad y la imposición de normas ecológicas rigurosas. Eso sin hacerse ilusiones, efectuando una necesaria y continua crítica de las instituciones en cuyo seno actuamos. Es un deber, pero teniendo siempre presente la idea de que es en la base, en nuestras formas de organización y de vida deliberadamente deseados y caracterizados por la libre experimentación, donde podrá realizarse su mejor redefinición.

Esta axiología supone aceptar de una vez por todas que la verdadera política —en el sentido de que pretende deshacerse de los lastres paralizantes y favorecer un gran número de iniciativas beneficiosas— está en otra parte, y acabar con la relación enfática que mantenemos con la «gran política». En este sentido, nuestro error ha sido haber creído y confiado demasiado en ella. Ahora lo sabemos, y no es una mala noticia, porque deberíamos haberla tomado por lo que casi siempre ha sido: una *administración de las cosas*. En cualquier caso, una *administración pública de las cosas* que, en teoría, se construiría con miras a velar por el bienestar de la colectividad, sin engañarnos sobre el alcance, a menudo fantasioso, de sus prerrogativas, sino con la condición suprema de ampliar nuestra concepción de la política para definirla atendiendo a distintas dimensiones. Revitalizar la democracia no consiste tanto en tratar de renovar superficialmente patrones que se han revelado inoperantes, como en modificar nuestras concepciones, que están demostrando ser igualmente arcaicas. «La tradición de todas las generaciones muertas oprime como una pesadilla el cerebro de los vivos», decía Karl Marx.[23]

23   Karl Marx, *Le 18 Brumaire de Louis Bonaparte* [1852], París, Mille et une nuits, 1997, p. 27 (trad. cast.: *El dieciocho Brumario de Luis Bonaparte*, trad. de Elisa Chuliá Rodrigo, Madrid, Alianza, 2009).

En este sentido, John Dewey argumentaba: «Por su propia naturaleza, el Estado es siempre algo que hay que analizar, investigar y buscar. Casi hay que rehacer su forma en el mismo momento en que se consolida».[24] En esta frase hay que entender «el Estado» como una ramificación de los modos de gobierno, a los que como ciudadanos todos contribuimos en distintos grados o cuyos efectos a veces perniciosos sufrimos, queramos o no, y que exigen indefinidamente considerar otras formas distintas, como excrecencias inéditas que hay que imaginar y experimentar. En este sentido, Cornelius Castoriadis hizo del «caos» una noción fundamental, origen de la vida social. Lo que él llamaba «caos/abismo/sin fondo», y cuyo poder creativo cometemos el error de ocultar, prefiriendo a menudo imaginar que las reglas que lo rigen tienen un valor en sí mismas, considerado «natural» e inmutable.

En consecuencia, estas se imponen por sí mismas, impidiendo que las evaluemos por lo que son: construcciones humanas —por tanto, *de facto*, incompletas— y que por eso necesitan enmiendas constantes. Es más, conviene formar otras combinaciones: emprender modalidades insólitas, constituir nuevos conjuntos, actuar en diferentes niveles, teniendo en cuenta que ninguno de estos componentes por sí solo es totalmente suficiente, en «una sociedad que se autoinstituye explícitamente, y no de una vez para siempre, sino de modo continuo».[25] El «poder constituyente», celebrado por los promotores de la república, no supone solo la facultad de redactar Constituciones, sino de establecer en todos los niveles de la sociedad procesos de autoconstitución de nosotros mismos.

24   John Dewey, *La opinión pública y sus problemas, op. cit.*, p. 73.
25   Cornelius Castoriadis, *La sociedad burocrática*, trad. de Enrique Escobar, Barcelona, Tusquets, 1976, p. 134.

Puesto que la democracia es en primer lugar una teoría del poder y del reparto de los poderes, es necesario hoy en día efectuar redistribuciones y movilizar otras formas del ejercicio del poder. De lo contrario, corremos el riesgo de experimentar indefinidamente sentimientos de frustración, de rencor, de inutilidad, y ver a un número creciente de individuos o de grupos decididos definitivamente a hacer que solo prevalezca su ley. Nuestro poder más fundamental es el de usar nuestra facultad crítica, la «crítica que salva», decía Walter Benjamin, la única capaz de impedir que ocurra todo tipo de catástrofes. Porque esta disposición es la que condiciona la posibilidad de expresar nuestra libertad desplegando, según las circunstancias, dos impulsos distintos: uno negativo y otro positivo. El primero es el de manifestar nuestro rechazo categórico a ciertas situaciones, cuando por la fuerza de nuestro juicio consideramos que no respetan los principios esenciales. Se produce entonces otro reparto en el marco de las técnicas de poder practicadas a diario, así como una redefinición, en actos, de lo que supone la defensa de la igualdad en derechos y dignidad entre los seres. Postura que hemos descuidado demasiado y que, en consecuencia, ha acabado por desorientarnos, en el seno de una sociedad que ha perdido su sustancia porque se ha vuelto cada vez más atrofiada y atomizada.

El segundo impulso, al que siempre hay que tender como objetivo supremo, porque solo aspira a un aliento propiamente vital, insta a implementar formas de vida que favorezcan la mejor expresión de las cualidades de cada uno, su pleno desarrollo, resultado sobre todo de vínculos equitativos y fecundos establecidos entre personas, según escalas que favorezcan esas modalidades, así como el respeto a nuestro medio. ¿Qué puede haber más elocuente, a modo de conclusión —casi de síntesis— a todas estas líneas, que citar a Albert Laponneraye, militante republicano y socialista que vivió durante la primera mitad del siglo XIX y que comentó en estos términos la Declaración de los derechos del hombre y del ciudadano de 1789: «El objetivo de toda asociación política es el mantenimiento de los derechos naturales e imprescriptibles del hombre y el desarrollo de todas sus facultades. La consecuencia natural de ese primer artículo es que toda sociedad en que las facultades del hombre están limitadas, en que sus derechos son reprimidos, no es una sociedad».[26]

---

26   Albert Laponneraye, «Commentaire de la Déclaration des droits de l'homme et du citoyen» [1832], citado por Michèle Riot-Sarcey, en *Le Procès de la liberté. Une histoire souterraine du XIXᵉ siècle en France*, París, La Découverte, 2016, p. 109.

IV. MORAL DEL RECHAZO

I. OBSOLESCENCIA DE LA INSURRECCIÓN

A veces, acontecimientos importantes, que en algún caso incluso revisten importancia histórica, se originan a partir de hechos aparentemente bastante anodinos, que en cierto modo han actuado como detonantes. Vivimos no hace mucho un caso de este tipo: el movimiento de los Chalecos amarillos, que surgió en Francia en otoño de 2018. El proyecto de imponer un «impuesto al carbono» sobre el precio de los carburantes, con una finalidad supuestamente ecológica, desencadenó desde el primer momento una oleada de reacciones. Amplios sectores de la población con ingresos modestos, que se veían obligados a utilizar regularmente sus vehículos para ir a trabajar, casi siempre en ciudades pequeñas y medianas o en el campo, iban a ver mermados aún más sus ya bajos presupuestos. Era algo inaceptable e inviable. De modo que se desencadenó una oleada de movilizaciones en distintas partes del país, que se repitieron todos los sábados, para dejar claro que la intención era mantener el ejercicio de su actividad profesional —al menos en el caso de los que tenían un empleo fijo o precario—, pero que la injusticia de la decisión exigía sacrificar un día de descanso para hacer valer lo que se consideraba que eran derechos legítimos. Semana tras semana, las concentraciones se fueron radicalizando, y hubo enfrentamientos recurrentes y de una violencia insólita entre participantes y fuerzas del orden. El país parecía sumido en una inestabilidad muy incierta, hasta el punto de que durante unos días se propagó el rumor de una «caída del poder». Las imágenes se repetían una y otra vez en los canales de noticias; esta situación de caos era comentada en todas partes, de la mañana a la noche. Francia estaba patas arriba y empezaban a percibirse graves consecuencias económicas, y todo por unos pocos céntimos.

Se trata de un caso de manual, del que podemos sacar buenas enseñanzas, porque es muy significativo que este episodio nazca de una causa relativamente menor. Esta medida, que fue la «gota que colmó el vaso», era la continuación de muchas otras decisiones políticas, muchas de ellas impulsadas además por gobiernos elegidos, y que por efecto de acumulación acabaron produciendo una tormenta. Las condiciones de vida cada vez menos sostenibles junto con la amarga sensación de ser menospreciados no dejan otra opción que gritar alto y claro con rabia y determinación. Una complicada mezcla de sentido común y emociones a punto de explotar caracteriza estas circunstancias, que inevitablemente provocan enfrentamientos, heridas y hasta muertes. Sin embargo, no solo prevalecen los estados de tensión, sino también e indisociablemente, la vitalidad, el entusiasmo y la sensación vigorizante de vivir momentos muy intensos, que casi aportarían sabor a una cotidianidad a menudo deprimente. Y eso ocurre porque nos sentimos más involucrados en el curso del mundo y porque en medio de la masa y junto con los demás creemos poder influir por fin en nuestro destino. De ahí que creamos expresar en estas situaciones la quintaesencia de nuestra condición política como si, lejos del ritual del voto —de cuya cruel insuficiencia una mayoría ya somos conscientes— estuviéramos por fin plenamente implicados en la vida pública, hasta el punto de «doblegar» muy pronto el poder o incluso derribarlo.

A pesar de esta pasión, también se puede *a contrario* considerar este tipo de movimiento como un síntoma, desde luego insuficientemente percibido y examinado: el de una *doble forma de pasividad*. En primer lugar, la de haber estado demasiado a la expectativa en otros casos de naturaleza más o menos similar, y a veces de un impacto muy distinto y que, por ser menos manifiestos o haber afectado a un grupo de población más restringido, no suscitaron las mismas reacciones. Como si fuera necesario llegar a un estado de extrema desesperación para decidir rebelarse, o bien cuando no nos sentimos directamente concernidos, o por la fuerza de la costumbre, nos mostramos irremediablemente indolentes. Además, por el carácter de estos disturbios que, en contra de las apariencias, mantienen una forma de servilismo consistente en mantenerse a la espera de una eventual respuesta favorable por parte de los poderes *in fine* superiores, de los que dependerá nuestra suerte. Estas actitudes son testimonio siempre de manera indirecta de una condición resignada de heteronomía, puesto que toda reivindicación implica la aceptación implícita de estructuras asimétricas de poder, las mismas que regularmente y según las circunstancias son rechazadas.

Se produce una mitificación del acto de sublevación, que consiste en imaginar que representa el corazón palpitante, visceral, de la expresión de la voluntad popular, que en cierto modo halla su símbolo perfecto en el cuadro de Eugène Delacroix *La Libertad guiando al pueblo*. En este sentido, no es casual que en el episodio de los Chalecos amarillos el término «pueblo» estuviera en boca de todos y fuera utilizado continuamente tanto por los participantes como por los comentaristas. Esta aura asignada a los estallidos insurreccionales impregna nuestro imaginario; viene de lejos, de las grandes revoluciones. En primer lugar, de la Revolución francesa, que vio cómo conciencias y cuerpos, a veces con horcas en la mano, estaban decididos a reivindicar sus aspiraciones, sobre todo las de justicia y de igualdad. No obstante, por lo general se omiten dos puntos decisivos respecto a la naturaleza de esas aspiraciones. En primer lugar, la necesidad de efectuar una distinción entre, por una parte, las monarquías autoritarias históricas y, por la otra, las dictaduras modernas o actuales, los llamados Estados «de derecho». Ya que, a diferencia de las primeras, que imponen por la fuerza un determinado orden, en estos últimos el contexto es muy diferente. Se supone que un marco legal regula libremente las relaciones entre las personas, entre los ciudadanos y las distintas instituciones, permite la disidencia y favorece la negociación, así como las iniciativas individuales y colectivas de todo tipo. En segundo lugar, porque el poder, pese a lo que algunos tienden a opinar a la ligera, no está en manos de una oligarquía todopoderosa, como en los regímenes autocráticos, sino que en la sociedad se constituyen muchas formas de poder, que emanan de una gran cantidad de actores. Esta dimensión, propia de toda la modernidad, y más aún de la actual, exige contemplar el principio mismo de la expresión de la «voluntad popular» desde perspectivas diferentes, que permitan adoptar estrategias más adecuadas.

En vez de mantener patrones bastante inconsistentes, pero que seguimos creyendo que constituyen la savia de nuestra condición política, sería instructivo realizar el balance del movimiento de los Chalecos amarillos, por ejemplo, para entender la diferencia entre su impulso inicial —y toda la imaginería aparentemente intrépida que lo acompañaba— y el resultado final. Esto es, una retirada del impuesto en cuestión, un plus mensual de cien euros brutos para los salarios más bajos, desde luego no desdeñable, y el planteamiento de un «gran debate nacional», en el que Emmanuel Macron fingía dialogar con los cargos electos locales con discursos solemnes que no condujeron a nada. Igual que la «Convención ciudadana por el clima», que desde su anuncio suscitó el entusiasmo de algunos teóricos de la «renovación democrática», al parecer miopes, que la consideraron un «avance sustancial», aunque no previó ninguna alternativa profundamente estructuradora y su catálogo de propuestas se redujo rápidamente a la mínima expresión, tras haber servido de perfecta distracción ocasional. Ninguna de esas medidas triviales, o de esas gesticulaciones, consiguió que los participantes en esta sublevación y millones de individuos vieran disminuido el sufrimiento en el trabajo, la sensación de inutilidad y de ser abandonados. Como resultado de una dialéctica casi eterna, que hace que a las primeras esperanzas encendidas les suceda sistemáticamente una fatal y amarga decepción, sin que nunca se produzca el imprescindible cuestionamiento de la pertinencia de estos comportamientos.

Hay algo que nos lo impide: una representación especialmente idealizada de la insurrección, provocada por la magnitud de nuestro descontento y de nuestros rencores, que es considerada el recurso último, de acuerdo con una visión teñida de romanticismo. Ese estado mental surge en parte con la aparición, en 2007, del primer libro del Comité invisible (cuya firma oculta se supone que representa una amenaza latente), *La Insurrección que viene*, y que tuvo cierto éxito en varios países porque parecía hacerse eco de la cólera de la época, precisamente en el momento de apogeo del ultraliberalismo, al considerar la sublevación e incluso el enfrentamiento con la policía y con cualquier representante del «poder» como el más alto grado, expresado en actos, del rechazo del orden establecido. Y esto no sería tan solo el acmé de la implicación política, sino también de una amistad total y libre forjada entre las personas: «El motín organizado puede producir lo que esta sociedad es inepta para engendrar: vínculos vivos e irreversibles. Los que se quedan con las imágenes de violencia se pierden todo lo que se juega en el hecho de tomar juntos el riesgo de romper, de hacer pintadas, de enfrentarse a los polis».[1] Romper sería, por tanto, el estadio más exaltante y más elevado de la vida humana, un poco como el niño pequeño que todavía no domina bien el lenguaje rompe los platos para manifestar su descontento con las decisiones de sus padres. La negatividad bruta como fuerza privilegiada de la expresión de su voluntad, sin captar probablemente la dimensión mortífera que contiene, o sin haber leído bien a Spinoza o a Nietzsche, por ejemplo, grandes pensadores de la alegría como afirmación plenamente positiva de sus fuerzas, lejos de los resentimientos que destruyen poco a poco y acaban por hacernos olvidar la idea de esperanza.

Exactamente a imagen de los *black blocs*, muy de moda desde hace diez años, constituidos por grupos poco definidos casi siempre improvisados que, en las concentraciones, disfrutan saqueando indiscriminadamente con la sensación de estar viviendo momentos de exaltación sin igual en medio de los gases lacrimógenos y el sonido incesante de las sirenas. Una

---

[1]   Comité invisible, *Ahora*, trad. de Diego Luis Sanromán Peña, Logroño, Pepitas de Calabaza, 2019, p. 14.

especie de nihilismo prepúber que es expresión de una inconsecuencia política total, pero que crea «vínculos vivos e irreversibles», debemos admitirlo, que actúan como una catarsis pasajera, antes de enfrentarse al día siguiente con la atonía de la vida cotidiana, que al parecer no nos esforzamos mucho por transformar realmente. Podríamos replicar a esos insurgentes de pacotilla, sin ánimo de ofenderlos demasiado, que todo esto es estéril, que sin duda libera energías reprimidas, ofrece emociones dignas de las atracciones más escalofriantes de Disneylandia, incluyendo a veces unas horas de estancia en la comisaría, pero que esas actuaciones están desfasadas y son propias de jóvenes que parecen zombis de una época pasada. Y que si quisieran satisfacer plenamente sus aspiraciones e incluso las de su generación, así como las de muchos de sus contemporáneos, sería sensato por su parte seguir los sabios consejos de un anarquista experimentado con sentido de la estrategia que, casi un siglo antes de esos rimbaudianos —no de Charleville-Mezières, sino de Épinal— había afirmado: «La revolución ya no es sinónimo de barricadas, que pertenecen al pasado. La revolución social es otra cosa completamente distinta, mucho más esencial; implica reorganizar la vida entera de la sociedad».[2]

Todas estas posturas son indisociables del lugar donde se despliegan: *la calle.* Y por eso hay que teorizar sobre cuál es el papel de la calle que, en contra de las apariencias, está al margen y no sintoniza con muchas realidades ordinarias opresoras, la mayoría de las veces fuera de nuestra vista. Prueba patente de ello es que en el espacio público se expresa la

---

2   Alexander Berkman, *Qu'est-ce que l'anarchisme?* [1929], París, L'échappée, 2020, p. 289.

opinión pública, es decir, la que plantea las demandas de un gran número de personas, pero que debido justamente a su ubicación y a su alcance inevitablemente general, nunca conseguirán denunciar una infinidad de situaciones específicas que dan lugar a procedimientos abusivos. Y esas situaciones representan el núcleo de los sufrimientos mayoritarios de nuestros días, que todavía no han encontrado una forma viable y eficaz de oposición. Al igual que, y en otro orden de cosas, las operaciones llevadas a cabo recientemente en los centros comerciales para dar testimonio de la rabia contra el «capitaloceno». O como los seguidores del movimiento Rebelión contra la Extinción, que tratan de impedir la entrada de clientes y hacen pintadas en los escaparates, creyendo que con estos gestos se sitúan a la vanguardia del compromiso anticapitalista y ecológico, aunque en realidad estas acciones no tienen ningún efecto, se limitan al dogma de la batalla de las ideas que, como ya hemos dicho, hace tiempo que está ganada. Todo ello alimenta una sociedad del espectáculo falsamente iconoclasta, que entusiasma a la prensa y a los ecologistas en ciernes mientras intercambian opiniones a la hora del aperitivo en algunas terrazas de grandes ciudades o de ciudades medianas, y consideran que estas acciones son muy audaces. Sabed que ese neoconformismo, que destila buena conciencia pero es perfectamente ineficaz, es el nuevo enemigo que hay que combatir, después del ultraliberalismo, ya que contribuye a ocultar las cuestiones más candentes y, por tanto, a atenuar la urgencia de resolverlas. Y procuraremos no hacer ninguna concesión a esta mentalidad tan tóxica bajo su aspecto de humanismo ecológico, que insta tal vez a clasificar los residuos, pero que ante todo debería realizar una buena y urgente selección de las prioridades de la época.

«Un secreto compromiso de encuentro está entonces vigente entre las generaciones del pasado y la nuestra».[3] Debemos ser plenamente conscientes de la importancia de estas palabras de Walter Benjamin y prestar atención a cada una de ellas, en primer lugar a esta inquietante noción de «compromiso de encuentro», que no es un relevo que se transmite, *sino un juramento*. El que compromete a reunirnos simbólicamente algún día, en nombre de los principios fundamentales que nos unen a través de los tiempos, para hacer balance del alcance de su aplicación, invitando en consecuencia, y con el tiempo, a tratar de hacerlo lo mejor posible. Por eso se evoca la importancia de la respuesta, que supone haber integrado una historia hecha de conquistas pero también de reveses, fracasos, desviaciones y olvidos, y aprender de ella. No obstante, esforzarse por responder a esta expectativa exige no solo hacer un balance del pasado, sino también del presente, de la valoración de las situaciones y de las fuerzas, necesariamente diferentes y que, hoy más que nunca, nos conminan a revisar de nuevo las cosas. Y ahí es donde se produce la conjunción entre el punto de encuentro, la redención y la respuesta, como una obligación de trabajar incansablemente para materializar las esperanzas de nuestros antepasados, las nuestras, y también las de nuestros descendientes, sobre la base de estrategias bien fundadas y, por tanto, consecuentes.

Muchos logros políticos, jurídicos y sociales han sido resultado de protestas, revueltas y levantamientos, que inevitablemente han dado lugar a actos de violencia y tragedias. Porque el ser humano está dotado de una energía visceral e indefectible y, a fuerza de soportar demasiadas cosas o de vivir circunstan-

---

3 Walter Benjamin, *Tesis sobre la historia y otros fragmentos* [1942], trad. de Bolívar Echevarría, México, Ítaca, 2005, p. 37.

cias injustas, esta se libera totalmente dando un claro testimonio de su determinación a ponerles fin. Dado su valor moral y político, esa energía no debe ser desperdiciada, especialmente por su dimensión impulsiva y las emociones que la mueven, lo que exige en consecuencia canalizarla y utilizarla con buen criterio. Esa intención implica hacerla plenamente eficaz, es decir, hacer que tenga efectos, que cada vez que se declara deje huellas en la memoria que desencadenen como una reacción inmunitaria, de modo que algunos se lo piensen dos veces antes de intentar empezar de nuevo. Por eso es importante ejercerla cuando se juzgue necesario, no tanto en la calle como allí donde se producen los fenómenos denunciados, y ante todo por parte de las personas que son las principales afectadas. Lo que hoy nos oprime no habría perdurado si se hubieran adoptado esas posturas con firmeza y sin demora. De modo que, para ir a ese «punto de encuentro misterioso», nuestra época nos exige que tenga lugar no en las calles impersonales de las ciudades, y de forma ocasional, sino en los lugares por donde nos movemos habitualmente, sustituyendo así el lirismo más bien vano y demasiado exaltado de la insurrección por el poder inexpugnable y a la larga fructífero de intervenciones decididas y juiciosamente circunscritas.

2. EL DEBER CATEGÓRICO DE INTERPOSICIÓN

Es obvio que todos tenemos una sensibilidad política, que forma parte de nuestra individualidad y de la pluralidad constitutiva de la sociedad. Sin embargo, pese a esta característica esencial, no sabemos muy bien de dónde proceden nuestras inclinaciones: de un trauma infantil, de una reacción de protesta contra nuestros padres, de la pertenencia a una clase, de lecturas, de la influencia de nuestro entorno, de una gran figura histórica que nos ha impresionado o de una especie de sentimiento de evidencia, casi innato. Y quizás todo un poco a la vez. Muchas veces hay algo impenetrable, y hasta en parte impulsivo, en el origen de nuestras convicciones, pero nos cuesta reconocerlo porque heriría nuestro amor propio, ya que estamos convencidos de haberlas forjado de manera consciente y racional. Y creemos que esta disposición, casi natural, constituye la primera fuerza de todo régimen democrático, que nos impulsa por tanto a debatir y a votar por el candidato o partido que mejor responde a nuestras ideas. Lo característico de este *ethos* es que es evidente y que, para formar parte plenamente de la ciudad, primero hay que tener una opinión y expresarla en un marco formal o de otro tipo. Y cuando resulta que algunas personas no la tienen, se las considera bastante desorientadas, probablemente incultas o muy irresponsables por no tener ninguna «conciencia política».

Sin embargo, si lo analizamos detenidamente, es probable que por la forma de ese mecanismo y el poco compromiso concreto que implica hayamos llegado a un estado de relajamiento generalizado, que nos hace olvidar una dimensión primordial. Ese fenómeno, bastante insidioso, sería en realidad el producto puro del individualismo democrático, ya que nos ha inducido a pensar y a pronunciarnos de vez en cuando sobre los asuntos públicos tal como deseamos —o del mismo modo que preferimos el vino tinto al blanco, o las vacaciones en la montaña a la playa— y en ello se ve una de las mayores expresiones de nuestra libertad. Y ese principio fundamental del que nos hemos apartado casi sin querer, que tiene un valor prepolítico, o en cierto modo metapolítico, es el que postula que nadie debe ser considerado estrictamente como un medio, ya que de este modo queda reducido al rango de cosa y, *de facto*, al mutismo. Por lo tanto, no hacer caso de este precepto es una contradicción, puesto que es el mismo que permite que podamos expresarnos sin estar enteramente sometidos a la voluntad de otro. Por esta razón, cada vez que se viola deberíamos movilizarnos de inmediato, como miembros de una sociedad que afirma la igualdad en derechos y en dignidad de las personas. Sin embargo, no estamos acostumbrados a este reflejo.

Esta exigencia ya la explicitó hace mucho tiempo, a finales del siglo XVIII, en la época del primer auge del individualismo liberal, Immanuel Kant, que la denominó «imperativo categórico»: «Obra de tal modo que te relaciones con la humanidad, tanto en tu persona como en la de cualquier otro, siempre como un fin, y nunca solo como un medio».[4] El enunciado se cuida de precisar «nunca solo como un medio», asumiendo

---

4   Immanuel Kant, *Fundamentación de la metafísica de las costumbres* [1785], trad. de Luis Martínez de Velasco, Madrid, Espasa Calpe, 1994, p. 104.

que en las relaciones humanas muchas relaciones se establecen sobre intereses más o menos recíprocos. Por ejemplo, utilizar un fontanero para taponar una fuga de agua —sin ninguna intención previa de trabar amistad con él, aunque ocasionalmente pueda entablarse una conversación cordial— pero teniendo en cuenta que, si bien está trabajando para nosotros, no puede ser reducido a una mera condición de instrumento, ya que tiene sus propios propósitos y aspiraciones de libertad. Se trata de un principio universal, porque depende de nuestra condición natural, que hace que cada ser tenga derechos imprescriptibles que no pueden ser negados por los demás. No respetarlos supone introducir una relación profundamente asimétrica, que no es ni legítima ni moralmente aceptable. Precisamente sobre este ultraje se construye toda la barbarie.

Y en la vida de los humanos se dan a veces situaciones concretas en las que esta ley no es observada, cosa que genera humillación, conflicto y odio, que puede llegar al asesinato: hasta tal punto el hecho de sentirse ultrajado en la propia esencia representa la ofensa suprema. En cambio, en las sociedades que se declaran democráticas y liberales, es mucho más raro que la negación de este imperativo se generalice, se institucionalice y se convierta en norma, hasta ser alentado y celebrado por supuestos defensores de la legalidad y de la libertad. Pues bien, esta es, por encima de cualquier otra cosa, la gran ruptura que se produjo con el giro neoliberal: *haber dado libre curso a procesos que situaron en el centro de expansión de su modelo el hecho de reducir multitud de seres humanos de todas las categorías a simples medios.* Desde esta óptica hay que interpretar la historia de la gestión empresarial, especialmente la que está vigente desde hace medio siglo, que, cuanto más se ha esforzado por hacer prevalecer este espíritu, más sofisticada ha tenido que ser y más técnicas refinadas ha debido utilizar. El resultado para muchos ha sido la mecanización de sus prácticas y de sus gestos, obligados solamente a responder a rigurosos objetivos predefinidos, y que a lo largo de decenios ha sido desplegada en tiempo real, mediante la introducción de sistemas que dictan a los seres humanos órdenes que han de ser ejecutadas sin contemplaciones.

Por decirlo de otro modo, han proliferado procesos que suponen una afrenta radical al imperativo categórico y a nuestra condición humana, hasta el punto de romper cuerpos, destruir espíritus, acabar con la autoestima y verse banalizados, como parte integrante de un orden económico-político que se ha convertido en normal. Ese nuevo orden ha confirmado hasta el límite que el poder, en la modernidad tardía, según palabras de Michel Foucault, «no reside tanto en las instituciones como en las relaciones»[5] entre individuos o, más exactamente, entre individuos y un sinfín de entidades. Todas estas instancias de poder, dispersas y poderosas, han instaurado en consecuencia un utilitarismo cada vez más generalizado, elevado al rango de única primacía, de forma de vida ya universal, que hace que cualquier situación sea explotada para generar ciclos continuos de rotación de capital, sin permitir momentos que estén a salvo de estas dinámicas o que aspiren a otras modalidades. Es decir, todo lo que hoy y en casi todas partes ha sido denunciado, especialmente desde la pandemia del COVID-19, todo lo que ha hecho que nos hayamos dado cuenta de hasta qué punto este *ethos* ha destruido a los individuos, ha contribuido a su aislamiento y a la atomización de la sociedad, ya que no es más que un gigantesco mecanismo impersonal y estrictamente funcional.

5   Michel Foucault, *La Société punitive. Cours au Collège de France (1972-1973)*, París, EHESS/Gallimard/Seuil, 2013, p. 48 (trad. cast.: *La sociedad punitiva: Cursos del Collège de France (1972-1973)*, trad. de Horacio Pons, Madrid, Akal, 2018).

Parece que hemos abandonado ese mandato moral perfectamente enunciado por Kant, a pesar de nuestras sensibilidades, incluso las que defienden la igualdad y la justicia. Acaso no vemos que la expresión de nuestra opinión, que creemos que representa el núcleo de nuestra libertad política, y que utilizamos constantemente desde la aparición de las «redes sociales», no solo no constituye una herramienta adecuada para garantizarla, sino que acaba ocultándola insidiosamente. Por eso tales doctrinas, que nos han machacado hasta convertir a la mayoría de nosotros en «casi-cosas», y que en el mismo movimiento han favorecido la aparición de lógicas de mercado que incorporamos casi a nuestra respiración, habrían debido ser el objetivo primero y continuo de nuestra movilización. Sin embargo, cuando algunas decisiones chocan con nuestros intereses personales, decidimos manifestarnos o hacer huelga, pero nunca, o casi nunca, en nombre de ese imperativo que consideramos con razón categórico. He ahí una paradoja que debería hacernos reflexionar, pero no es así, y en cambio tendría que considerarse una urgencia, ya que esas lógicas rigen constantemente una buena parte de nuestra vida diaria. Y están tan arraigadas, que no hay movimientos ocasionales que puedan contenerlas, sino que se necesita adoptar una postura diferente, capaz de defender firmemente nuestras exigencias morales y de proporcionarnos los medios: *la interposición*.

La característica del acto de interposición es que resulta de la voluntad de hacer que prevalezca un principio fundamental que, en cuanto es burlado, muestra su intención resuelta de no tolerarlo. No se trata de una forma de protesta, que implica intereses divergentes, seguidos de eventuales negociaciones, sino de la afirmación inmodificable de que ningún individuo puede ser tratado exclusivamente como un medio y, en sentido más amplio, de que las preocupaciones humanas no pueden responder continuamente a estrictas lógicas utilitaristas. Esta actitud no es una opinión, que podría afectar a la pluralidad sindical, por ejemplo, sino el respeto a nuestra universal condición, que en una sociedad libre preexiste en cierto modo a la expresión de cualquier opinión. Nuestro error ha sido precisamente no haberlo cultivado, y por eso llevamos décadas sufriendo las consecuencias. La primera consecuencia de esta omisión es haber dado vía libre al movimiento aparentemente irreprimible de tecnificación galopante del mundo, cuya consecuencia es una *mecanización indefinidamente creciente de las actividades humanas*. En el sentido en que nuestros gestos cada vez están más vinculados a sistemas que los enmarcan, donde las prioridades generalmente contables, elevadas a la categoría de superiores, determinan hoy el funcionamiento de casi todos los sectores y donde, en el marco de nuestra vida individual, se nos ha dirigido permanentemente a responder a toda clase de peticiones, generalmente orientadas hacia el acto de comprar, ahora ya a la velocidad de un clic. Eso corresponde exactamente al «desarraigo», tal como lo define Simone Weil, entendido como el hecho de dejar de pertenecerse, de estar permanentemente dependiendo de fuerzas que nos son ajenas y nos impiden estar vinculados a lo que constituye nuestra propia sustancia, que solo pide expresarse con libertad y liberar todas sus capacidades. Es lo que Emmanuel Levinas reafirmó a su manera: «La violencia no consiste tanto en herir y aniquilar como en interrumpir la continuidad de las personas, en hacerles desempeñar papeles en los que ya no se encuentran, en hacerles traicionar, no solo compromisos, sino su propia sustancia».[6]

6   Emmanuel Levinas, *Totalidad e infinito* [1961], trad. de Miguel García Baró, Salamanca, Sígueme, 2012, pp. 47-48.

A este orden normativo, limitado y degradante, habríamos debido oponernos con constancia y firmeza, allí donde un registro de lenguaje, procesos o técnicas contribuyen a crearlo. Por ejemplo, jamás habrían debido ni deberían ser aceptados discursos que obligan a multitud de empleados a mostrar una adaptabilidad y una flexibilidad permanentes, puesto que esas imposiciones crean un clima de inseguridad ansiogénica susceptible de desestabilizar, de provocar la pérdida de todos los puntos de referencia e incluso de la autoestima. Este es exactamente el espíritu del plan NExT de France Télécom, vigente desde 2006, cuyo objetivo oculto era suprimir 22 000 puestos de trabajo sin despidos y trasladar a 14 000 trabajadores. «Esas 22 000 salidas las haré de una forma u otra, por la puerta o por la ventana», dijo en su momento y en secreto Didier Lombard, el presidente-director general del grupo, ante los altos ejecutivos y directivos de la empresa.[7] Ese programa supuso la implantación de métodos que provocaron un agotamiento físico y mental, depresiones y oleadas de suicidios. «No todos murieron, pero todos fueron heridos». Con esa cita de Jean de La Fontaine, la presidenta Cécile Louis-Loyant empezó la lectura de su sentencia el 20 de diciembre de 2019. La sala 31 del tribunal correccional de París declaró a France Télécom culpable de «acoso moral institucional». Esta sentencia tiene una importancia histórica y ha creado jurisprudencia. Ahora bien, ¿por qué han tenido que ocurrir tantos dramas antes de reaccionar, y recurriendo únicamente, y *a posteriori*, a la ley? Seguramente porque hemos priorizado el reflejo de la reivindicación, que corresponde al espíritu del individualismo liberal, en detrimento de una tradición profundamente humanista, en el sentido de que ciertos principios, considerados

7   Chloé Pilorget-Rezzouk, «France Télécom: le procès d'une "logique d'éradication"», *Libération*, 22 de mayo de 2019.

IV. Moral del rechazo

inalienables, son previos a cualquier acción. En este caso, falló
la creación de una red de personas dispuestas a indagar sobre la
naturaleza del proyecto, que, una vez conocido por todos, habría
provocado actitudes suspensivas, como la adoptada deliberadamente por Bartleby, en el relato de Herman Melville, que
proclama con convicción y dignidad que «preferiría no hacerlo». De este modo, frente a un personal que se niega a seguir
directrices abusivas y afirma que quiere seguir trabajando (en
contraposición a la huelga), ese plan miserable habría acabado *de
facto* en un fracaso estrepitoso y la mayor parte del sufrimiento
y de las muertes probablemente se podría haber evitado.

Es en este sentido que se sitúa siempre el gesto de interposición,
que se declara allí donde se van a aplicar decisiones. Cuando a
mediados de la década de 2010, en Francia y en otros países, se
decretó unilateralmente y sin acuerdo previo con el profesorado
que en adelante las tabletas serían la principal herramienta de
aprendizaje para todos los alumnos de secundaria, habría sido
casi inútil manifestarse, a riesgo de ser tachado de retrógrado.
En cambio, habría sido mucho más sensato y eficaz rechazar, de
forma unitaria y categórica, su utilización en la medida prevista.
No porque esa decisión sea un capricho, sino porque ese tipo
de dispositivo rompe la esencia misma del pacto que vincula
al profesor y al alumno, asumiendo que la formación del conocimiento no es el resultado de una multiplicidad de fuentes
de información que se pueden consultar a voluntad, sino de
una dimensión reflexiva y crítica, todo lo contrario de lo que
proponen las llamadas «plataformas educativas», que favorecen
especialmente el uso compulsivo de la interactividad táctil.[8]

8   Para esta cuestión remito a mi artículo: «L'ineptie des tablettes nume-
riques au collège», *Libération*, 16 de noviembre de 2014.

2. El deber categórico de interposición

Cuando los mozos de almacén empezaron a ver que su trabajo estaba controlado a distancia por sistemas que imponían unos ritmos insostenibles y les destrozaban el cuerpo, habrían debido afirmar que estaban dispuestos a realizar su trabajo, pero que era inaceptable que estuvieran continuamente acoplados a máquinas que les dictan sus maniobras.

Y todo eso en nombre únicamente de la máxima productividad, establecida sobre bases abstractas, que los convierte en estrictos medios, en simples engranajes impersonales de mecanismos implacables, que niegan su integridad y su dignidad, antes de verse expulsados por robots diseñados para desempeñar sus mismas funciones, pero a un ritmo todavía más rápido y sin parar, porque son totalmente mecánicos. En este sentido, cuando una disposición así emana de un puñado de individuos, tiene poco peso, pero cuando es la expresión de un grupo que afirma al unísono los mismos principios, entonces el propio arrebato hace que se desvele una verdad inversa; la regla inicua aparece de forma manifiesta a los ojos de la colectividad. Esto es crear vínculos en la lucha: *defender con cuerpo y alma, de forma comunitaria y con inteligencia, valores indefectibles, capaces de producir los efectos deseados y de modificar a la larga y completamente un determinado estado de ánimo de la sociedad.* Mucho más que cualquier manifestación o que la inutilidad de «atacar al poli», como dicen los sublevados invisibles del domingo. Contrarrestar así, con actos, iniciativas abusivas, no solo es dotarse de las herramientas apropiadas para derrotarlas, sino también favorecer la aparición de una conciencia que propone una idea muy elevada de la moral: «La moral es inseparable del rechazo, del N-O, de esas dos letras».[9]

***

9 Vladimir Jankélévitch, *L'Esprit de résistance. Textes inédits, 1943-1983*, París, Albin Michel, 2015, p. 77 (trad. cast.: *El espíritu de resistencia*, trad. de Juan Gabriel López Guix, Barcelona, Alpha Decay, 2019).

En este sentido deberíamos apropiarnos del «no» pasoliniano, recuperar una «cultura del rechazo», la que se alza incansable contra la instrumentalización a ultranza de las personas y de la vida, y que ya hoy y sin más tardanza debería elevarse al rango de norma prioritaria de conducta. Sin embargo, nos lo impiden varios factores. Una especie de desidia dominante, una falta de educación en estas exigencias y la mentalidad liberal imperante, que se supone ofrece en el marco de la vida de cada persona un abanico de opciones a la carta: todo ello hace que la noción de una base de valores intangibles y comunes se haya quedado prácticamente obsoleta. Queda todavía un punto fundamental, cuyo sentido probablemente no hemos captado correctamente, o que merecería ser aclarado, o incluso ser redefinido del todo: el que incluye en el Código del trabajo un *vínculo de subordinación*. Esto supone aceptar una relación de dependencia, que implica responder a los intereses del empleador, pero omitiendo, pese a las leyes y reglas que lo limitan, que existe un imperativo superior, en el sentido de que ha de situarse por encima de todo porque tiene una importancia capital: *no negar nunca a una persona su singularidad y su consecuente necesidad visceral de reconocimiento*. Ahora bien, esto es precisamente lo que Hegel denomina el «crimen», es decir, la negación del reconocimiento interhumano que en los últimos cincuenta años se ha extendido de manera constante a casi todos los sectores de actividad, convirtiéndose en una regla generalizada.[10]

Por eso conviene teorizar de nuevo sobre el ludismo, considerado peyorativamente con demasiada frecuencia, cuando

---

10   Sobre la necesidad fundamental de reconocimiento, Cf. Axel Honneth, *La lucha por el reconocimiento* [1992], trad. de Manuel Ballestero y Gerard Vilar, Barcelona, Crítica, 1997.

en realidad es garante de un impulso decisivo: en este caso, el rechazo a la implantación de máquinas que degradan, porque desclasifican o convierten en obsoletas las habilidades, privando de dignidad e incluso de cierto sentido de la vida a quienes las poseen, simplemente por afán de lucro. Es evidente que, más allá del estricto marco del trabajo, están en juego cuestiones civilizacionales. Y si hoy en día la mayoría juzga esos gestos con divertido desdén es eminentemente sintomático de nuestra renuncia a algunos de nuestros valores esenciales, así como a lo que supone la buena expresión de nuestras capacidades, que resultan especialmente de un uso hábil de nuestras manos y del placer de demostrar pericia en el trabajo. En este sentido, obviamente no es por un azar de la historia que esos episodios se desarrollaran justo antes del auge del individualismo liberal, que manifestaba, de forma más o menos falaz, un apego a unos principios fundamentales, que pronto fueron barridos por el desarrollo de la Revolución industrial y de la modernidad del siglo XX. Y así hasta el día de hoy y en tal grado que ha conseguido hacernos olvidar qué llama inicial movió a los luditas, de una sustancia casi ajena ya a nuestra concepción de las cosas.

Y el imaginario nombre propio, el general Ludd, ha de entenderse como emanado de una voz cuyo origen va más allá de un carácter personal y categórico, que a su manera llama a la defensa decidida, agrupada y organizada del imperativo categórico kantiano, cuya especificidad es que tiene un alcance universal. Pero en una sociedad totalmente protegida por el régimen del derecho y, especialmente, por el derecho a la propiedad, sería más que arriesgado destruir bienes. Por esta razón, el reto no es tanto destruir como afirmar enérgicamente la intención de no someterse a métodos y técnicas que envilecen y destruyen la autoestima. Si conseguimos conectar con este vigor ludita, siempre dispuesto, según las circunstancias, a activarse para ir extendiéndose poco a poco, la figura del general Ludd y de sus compañeros de lucha habrá logrado, por un ardid de la historia y dos siglos más tarde, que prevalezca su orden moral, que no deberíamos haber olvidado nunca.

Esas posturas conectan en cierto modo con el espíritu de la Carta de Amiens de 1906, que defendía un sindicalismo libre de afiliaciones políticas y partidistas para priorizar la salvaguarda de algunos axiomas elementales, considerados innegociables.[11] Es fácil constatar que, con el paso del tiempo, esta postura ha ido perdiendo fuerza, como si solo hubieran acabado ganando las reivindicaciones positivas. Lo que Murray Bookchin había apuntado agudamente a mediados de los años ochenta: «En muchos países en vías de industrialización, los trabajadores realizaban huelgas para defender su dignidad y expresar su solidaridad moral, y no solamente para conseguir mejoras materiales o sociales».[12] Por eso se deberían constituir agrupaciones en el seno de entidades públicas o privadas, capaces de actuar como vigías activos de aquello a lo que nunca se debería renunciar. Hannah Arendt fue una de las pocas filósofas que teorizó sobre el papel que en una sociedad activa deberían desempeñar los «consejos», es decir, unos colectivos de personas no tan decididas a charlar y a votar sobre casi todo como dispuestas en conciencia a alzarse e incluso a enfrentarse en caso de grave incumplimiento: «El

---

11   Cf. sobre el Congreso y la Carta de Amiens, Miguel Chueca, *Le syndicalisme révolutionnaire, la charte d'Amiens et l'autonomie ouvrière*, CNT Éditions, 2009.

12   Murray Bookchin, «Économie de marché ou économie morale?» [1986], en *Pouvoir de détruire, pouvoir de créer. Vers une écologie sociale et libertaire*, París, L'échappée, 2019, p. 125.

sistema de consejos todavía no ha hallado su teoría ni ha sido experimentado».[13]

Sin embargo, sería un error ver en estas conductas tan solo una dimensión negativa, puesto que devuelven el valor y la fe y abren la posibilidad de probar contramodelos. Así contemplaba el sindicalista Jacques Rennes la interposición como portadora *in fine* de un impulso constructivo: «La acción directa no es solo un acto de combate cuerpo a cuerpo, sino un acto de construcción, un acto institucional».[14] Es exactamente lo que ocurrió en el episodio histórico de la fábrica Lip en 1973, cuando tuvo lugar una movilización de los trabajadores en contra de los procedimientos que iban a ponerse en marcha con el objetivo de fraccionar el trabajo para asignar algunas tareas a subcontratistas y mejorar así los márgenes de beneficio. La voluntad decidida de oponerse a ese nuevo plan social y a esos métodos, en algunos casos ilegales, condujo en un segundo momento a la implementación de prácticas que otorgaban más autonomía, más en consonancia con los deseos de las personas de realizar bien su trabajo, que derivó incluso en una organización casi autogestionaria. Charles Piaget, una de las figuras centrales del movimiento, sostuvo que «la satisfacción de las demandas incluso había podido parecer secundaria en ciertos momentos, en relación con el hecho de haber hablado en voz alta, de haberse afirmado, de haber alzado la cabeza, de haber dejado de ser simples peones intercambiables a los que se explota».[15]

13   Hannah Arendt, *De la révolution* [1963], París, Gallimard, 2013, p. 312 (trad. cast.: *Sobre la revolución*, trad. de Pedro Bravo, Madrid, Alianza, 2013).
14   Jacques Rennes, *Syndicalisme français*, París, Librairie Marcel Rivière, 1948, p. 106.
15   Charles Piaget, *On fabrique, on vend, on se paie. Lip 1973*, París, Syllepse, 2021, p. 42.

Recordemos también en aquella misma época el movimiento de Larzac, que, durante diez años, de 1971 a 1981, impulsó una fuerte oposición al proyecto de expropiación de tierras y de un centenar de explotaciones por parte del Estado, con objeto de ampliar una base militar. Esas luchas nacieron en principio de un fuerte rechazo a cuestiones cruciales, en primer lugar la defensa de espacios protegidos y de la vida del campo, y que poco a poco contribuyeron al nacimiento de una conciencia llamada «altermundista», a la participación en el despertar ecológico y a la puesta en marcha, en distintos territorios, de toda clase de iniciativas locales inspiradas en él. Esta interposición decidida fue un acto fundacional, ya que esas exigencias de alcance universal se extendieron luego a partir de este lugar, de su historia y de sus peculiaridades.[16]

En el marco de nuestras representaciones de la acción política, nos gusta dar preferencia a la formulación de deseos bastante generales, casi abstractos, casi siempre llenos de buenas intenciones, como si fuera suficiente estar convencido y dotarse de los medios para que se materialicen. Por eso es instructivo repasar de vez en cuando algunas obras de Clément Rosset, eminente pensador de la realidad, entendida como un conjunto ineludible de imposiciones que debemos tener en cuenta, para no correr el riesgo de hacernos ilusiones y sufrir indefinidamente la amarga prueba de la desilusión: «Creo que solo existe la realidad y que hay que trabajar a partir de ella, y no a partir de la concepción ilusoria de un mundo perfecto, si queremos tener alguna oportunidad de introducir mejoras».[17] Esta omi-

16   Sobre la historia de ese movimiento y de todas las iniciativas que se llevaron a cabo, cf. Philippe Artières, *Le Peuple du Larzac*, París, La Découverte, 2021.

17   Clément Rosset, «Le réel finit toujours par prendre sa revanche»,

sión aparece sobre todo en los programas de los partidos o de candidatos a elecciones, que anuncian una serie de medidas que sería oportuno aplicar, pero cuando llega el momento, *a posteriori*, descubrimos que la realidad ha acabado contradiciendo sus opiniones. Porque no han tenido el suficiente arraigo y han ignorado la concreción de muchas experiencias vividas, así como el contexto —especialmente las fuerzas en acción que a menudo lo entienden de manera completamente diferente—, de modo que revelan su inconsistencia y se ven abocadas inevitablemente al fracaso y al abandono, como tantas otras veces en el pasado. Es que en muchos casos no hay que partir de motivaciones positivas, sino de la negatividad, más exactamente de un rechazo rotundo de situaciones sin sentido, porque constituyen la base perfectamente establecida de lo que ya no queremos y a partir de ellas sabremos con más claridad lo que queremos construir.

Si la Comuna de París de 1871 resulta tan fascinante hoy en día es porque el tipo de esquema que estaba vigente es exactamente ese. Y es evidente que se trata de un aspecto crucial, pues lo que se expresaba es un rechazo enérgico e implacable a una ocupación, la de los prusianos, y al sitio de París y, en sentido más amplio, al orden autoritario y burgués del Segundo Imperio, que había dominado durante dos decenios. De modo casi mecánico esa iniciativa abrió nuevas posibilidades, estimuló la creación de proyectos alternativos y la participación pública, liberó impulsos de fraternidad y provocó la eclosión, durante diez semanas, de un proceso de emancipación que

---

entrevista realizada por Alexandre Lacroix, *Philosophie Magazine*, febrero de 2008. Sobre esta cuestión, cf. especialmente Clément Rosset, *Lo real y su doble* [1976], trad. de Enrique Lynch, Barcelona, Tusquets, 1993.

estaba deseando florecer y adoptar múltiples formas. Por eso, se trataba más de un gesto de interposición, masivo y unido, seguido de disposiciones concretas implementadas por las partes interesadas, que de una revolución como la de 1789, que surgía prioritariamente de una exasperación difusa y creciente, que poco a poco condujo a un levantamiento general.

Este episodio histórico se corresponde especialmente —en un contexto y circunstancias completamente diferentes— con un movimiento que desde la década de 2010 hasta nuestros días suscita también una poderosa fascinación: *la* ZAD (zona a defender). Se trata de la misma dinámica que implica, de forma indisociable, conciencia moral, oposición física y material, espíritu de unidad y a su vez un deseo compartido de iniciar todo tipo de experimentos éticos considerados virtuosos. Que es precisamente lo que necesita nuestra época tan desorientada para no seguir soportando pasivamente situaciones injustas, dejar de soñar quimeras y para que nosotros nos dediquemos a hacer realidad nuestros deseos de vivir la plenitud de nuestros seres queridos y la nuestra, y a establecer vínculos equitativos y solidarios con los demás. Muchas condiciones apremiantes, y en definitiva vitales, capaces de romper nuestro aislamiento colectivo que durante decenios no ha dejado de minarnos y ha acabado desintegrando la sociedad.

3. BREVE TEORÍA (CRÍTICA) DE LA ZAD

Su firmeza, su determinación y también su rectitud —combinadas con un peculiar sentido de la organización— tuvieron un gran impacto. Su principal característica era que parecía inquebrantable, que nada podría pararla, y que estaba impulsada por fuerzas procedentes de partes de nosotros mismos que casi habían llegado a resultarnos ajenas. De hecho, no solo eran impresionantes su empuje y su obstinación, sino que utilizaba métodos bastante singulares, a menudo muy ingeniosos y además eficaces. Demostraba un arte de la disciplina y de la estrategia que imponía respeto. Por esta razón produjo fascinación y, como consecuencia inevitable aunque en menor grado, rechazo y desprecio, y a veces incomprensión y miedo. A finales de la década de los 2000, se le dedicaron un montón de reportajes, artículos, programas de radio y de televisión. Por aquel entonces se había convertido en tema de conversación y había quienes, sin formar parte de la acción, reivindicaban su espíritu. El interés que suscitaba traspasaba las fronteras del país y su nombre se convirtió pronto en un símbolo en el que se reconocían muchos individuos en todo el mundo.

El 29 de junio de 2005, tras muchos años de protestas, controversias y recursos jurídicos, llega a la zona una empresa que ha de realizar las primeras perforaciones para el estudio de los suelos, con vistas a la construcción de un nuevo aeropuerto cerca de Nantes. Las máquinas se encuentran con un centenar de personas que están decididas a bloquear las operaciones. Esta fecha marca el principio de las «oposiciones físicas» a Notre-Dame-des-Landes, que se desarrollaron y adoptaron diversas formas durante un tiempo que pocos podían imaginar entonces que se alargaría hasta finales de la década siguiente. Y si esta movilización, más que cualquier otra del mismo tipo actual o pasada, marcó las conciencias fue porque estaba hecha de una materia muy especial: *un poder aparentemente inflexible de rechazo, que no se limitaba a levantar la voz*, sino que inventaba formas muy concretas, tenía numerosos desarrollos y percibía, consciente o inconscientemente, que, teniendo en cuenta la naturaleza de la causa y la resolución decidida de las personas implicadas, el tiempo jugaría a su favor. Por eso la movía un soplo de esperanza. Con una composición que sorprendía tanto a los que la miraban con simpatía como a los que la combatían, a veces con miedo, porque veían que habría que contar con ella, que había algo que escapaba a las lógicas habituales de oposición. Y forzosamente había que constatar que no solo nacían allí nuevas posturas, sino que en esta ZAD que se levantaba en el boscaje de Nantes estaba en juego algo mucho más importante que el simple rechazo al proyecto de construcción de una infraestructura.

Porque era la manifestación de un potente antagonismo. En primer lugar, respecto a ese aeropuerto, aparentemente desmesurado y absurdo, destinado a sustituir al que ya existía en Nantes, situado en las inmediaciones del centro de la ciudad, y a ser además una réplica de los parisinos de Orly y Roissy-Charles-de-Gaulle, lo que no hacía más que ratificar la expansión sin límites del transporte aéreo, según una visión «intermodal» de la planificación del territorio. Es decir, conectar las grandes plataformas aeroportuarias con la red de las líneas de alta velocidad y las capitales regionales. Esta planificación, gestionada por los poderes públicos, el Estado y las colectividades locales, a los que sucedió luego el sector privado, era un ejemplo flagrante de un exceso que parecía no tener fin y que suscitó una irritación profunda ante procesos que se habían convertido en una norma banalizada y muy poco cuestionada. Además, esta tierra era rica en biodiversidad, con ríos, marismas y una fauna y flora abundantes, propias de la región y relativamente protegidas hasta entonces. Y ese patrimonio único, del que sus habitantes se sentían orgullosos, estaba siendo negado, iba a ser destruido, borrado del paisaje, por la opinión de unos tecnócratas desvergonzados y ajenos a la realidad, que diseñaron esa infraestructura de un trazo y en abstracto, sobre un papel y sin ninguna consistencia. Todo esto era inaceptable. Se declaraba de forma unilateral un abuso, que ofendía a un medio, a una historia y a cierta idea de la sociedad y, en sentido más amplio, de la vida. Frente a la razón de Estado, se expresaba otra razón imbuida de un elevado sentido de la moderación, que recordaba esas bellas y firmes palabras de Louise Michel: «Pertenezco al destino de los oprimidos. La razón del más fuerte siempre es la mejor, me lo acabáis de demostrar, pero no voy a ser razonable. No me quedaré en el lugar que habéis construido para mí como se cava una tumba delante del vivo con el pretexto de que sabe que algún día morirá. Ya no seré razonable. Esto sigue siendo lo único razonable».[18]

Y entonces se alzaron cuerpos y mentes. Tres aspectos especialmente notables caracterizaban esta protesta. En primer

---

18   Louise Michel, *À travers la mort* [1886-1890], París, La Découverte, 2021, p. 214.

lugar, la presencia obstinada de personas decididas a enfrentarse en cualquier circunstancia. En segundo lugar, una conciencia compartida de que la lucha sería larga y que, por tanto, se comprometían a no rendirse nunca, ni en los peores momentos. Por último, una especie de pacto no escrito de permanecer juntos, de dar muestras de una unidad inquebrantable que nada podría romper. Movidos por esos principios, se construyeron cadenas humanas, barreras, trampas y barricadas. Muchas interposiciones físicas y materiales no belicosas, sino concebidas como operaciones defensivas que sería difícil superar. Y que no eran obra de alborotadores exaltados, de hordas deseosas de enfrentarse «al poder», o de insurgentes ávidos de sensaciones insatisfechas en su vida diaria, sino de ciudadanos corrientes y plenamente responsables que, movidos por principios y por la convicción de que cuando se supera cierto límite —el que se burla de la integridad del medio ambiente y de las personas— consideran que lo único que cabe hacer es cumplir con el deber moral de interponerse. Por eso en aquella ocasión se manifestó, de forma conjunta y solidaria, la defensa de una causa considerada intangible, con la misma dignidad y fe, salvando las distancias en cuanto a causa y riesgos, que los movimientos históricos de resistencia a ocupaciones llevadas a cabo por fuerzas militares de una nación del territorio libre y soberano de otra. Muy lejos del uso frívolo, de moda desde hace unas décadas, y a menudo muy desplazado, de la palabra «resistencia», que puede llevar incluso a algunas personas a creer que están demostrando esa actitud por negarse a entrar en un McDonald's, o por no tener televisión. Puesto que todo acto de resistencia supone de forma indisociable una movilización individual y colectiva, total y constante, así como determinados riesgos, a veces extremadamente peligrosos.

En este sentido, no se trata solo de un proceso de preservación de un territorio frente a una expropiación injusta. Hay algo más en juego: un cuestionamiento de los valores que motivan nuestros actos, que luego se vincula a acciones concretas y muy significativas. En este caso, el hecho de que una zona, unas costumbres, una historia, unas relaciones sensibles al medio ambiente no solo han de ser respetadas, sino también celebradas, para que en todas partes puedan desarrollarse formas de armonía. Es decir, un espíritu situado en las antípodas de los criterios que determinaron ese proyecto de ordenación. Porque toda interposición física, como en ese ejemplo, implica siempre *un conflicto de valores*. A diferencia de la reivindicación, que exige más, o modificaciones, pero sobre el fondo de una situación ya existente, lo que supone implícitamente su aceptación, la interposición no reclama nada más, pero rechaza categóricamente disposiciones que se burlan de los principios esenciales que seguiremos respetando. Por esta razón, cualquier rechazo firme que defienda derechos considerados inalienables no surge solo de una pulsión negativa, sino de una contrapartida, de una aspiración —a veces latente— que en esas circunstancias, debido al despertar de la conciencia, tendrá ocasión de expresarse plenamente. Es lo que podríamos llamar la *energía creadora del rechazo moral*, cuyo impulso entusiasta percibimos en este testimonio: «Lo valioso es lo que ocurre aquí, esos encuentros entre esos mundos. Yo no digo "zadista" porque no estoy aquí para defender un territorio delimitado por fronteras, lo que defiendo son relaciones, vínculos sociales, maneras de organizarse. Esto es lo que me interesa, estar en contacto directo con nuestra vida».[19]

---

19   Collectif Mauvaise Troupe, «Contrée», en: Collectif comm'un, *Habiter en lutte. Zad de Notre-Dame-des-Landes*, Lorient, Le Passager clandestin, 2019, p. 79.

Durante estos episodios se forma un conglomerado singular, cuya naturaleza es instructivo analizar, viendo cómo de lo negativo nace lo positivo. No en el seno de una dialéctica, en el sentido de la aparición de un tercer término procedente de una tensión generadora entre los dos primeros, sino según un proceso indisociable, que hace que en una sociedad donde imperan normas embrutecedoras o injustas sea necesario luchar contra lo inaceptable para conseguir ver cumplidos algunos deseos, más o menos rechazados y considerados hasta entonces inalcanzables, sobre todo si uno está solo. Este impulso de rechazo actuará, sin proponérselo, como un detonante, o incluso como una revelación, que solo reclama los medios necesarios para llevarlo a una fase completamente diferente. Por eso la ZAD de Notre-Dame-des-Landes, y muchas otras formas de movilización afines, no son solo actos de ocupación —de preservación, deberíamos decir— de territorios, sino que son testimonio de las ganas de vivir sin estar limitados por los patrones dominantes, que generalmente nos ahogan hasta hacernos perder a veces nuestra sustancia, y convertirnos en actores de nuestro destino, estableciendo todo tipo de vínculos fructíferos con los otros sobre bases comunes. Cómo no entender esta única frase como un proyecto de vida, un proyecto de sociedad, basado en la doble dimensión propiamente humana del rechazo moral y de la aspiración a instaurar situaciones y relaciones más justas y virtuosas.

A partir de la expresión de rechazo a prácticas derivadas del exceso, convertidas hoy en la norma, las masas adoptan modalidades diferentes, a veces sin saber exactamente cómo gestionarlas. Por esta razón se impone rápidamente la experimentación, derivada del hecho de entregarse a todo tipo de audacias, hasta las más locas extravagancias, de aventurarse por caminos que a menudo no se conocen bien, movidos por el deseo de adoptar hábitos y de crear formas de organización y de vida que hasta poco eran casi impensables. Y que en muchos casos exigen *de facto* contar con la ayuda de personas más competentes en ciertas áreas, estableciendo relaciones de cooperación desinteresadas y recíprocas. Esta disposición está impulsada por la alegría de emprender, en el sentido pleno del término, con autonomía pero con los demás, sin entrar en competición, ya que se trata de un arte del ingenio que desea fomentar una inventiva solidaria. Se experimentan sensaciones de libertad y de conformidad, porque se rompe con una vida que parecía haber perdido su sabor y que recuperaría así todo su sentido, sintiéndose en afinidad con los valores profundos que nos mueven, aquellos que en un principio hicieron que nos subleváramos. Este es el impulso que en Notre-Dame-des-Landes inspiró el nacimiento de muchas iniciativas basadas en el principio de la autogestión, del trueque y de la donación: cafés, librerías, talleres de formación de todo tipo, encuentros literarios y debates de ideas, manifestaciones culturales, obra de artistas residentes o de fuera:

> Ha arraigado una utopía: en el boscaje de la ZAD se ha construido una forma de vivir y de organizar un territorio en común. En las granjas ocupadas y en las cabañas construidas se han inventado libremente modos de vivir, de trabajar y de pensar juntos. Se ha desarrollado una economía con diferentes tipos de intercambios y la puesta en común permanente del material y de los recursos, que ha sido llamada el «no-mercado», donde todo el mundo puede procurarse los productos locales a precio libre.[20]

20   Collectif comm'un, *Habiter en lutte. Zad de Notre-Dame-des-Landes*, *op. cit.*, p. 8.

Surgió al mismo tiempo un estado de ánimo que permitía momentos de descanso, de inacción y de contemplación. Probablemente esto es la *philia*, la relación de amistad —casi de unión moral— establecida con algunos semejantes —pese a las diferencias y desacuerdos que a veces acaban apareciendo en el seno de toda colectividad— que hace que nos sintamos menos aislados, que seamos capaces de contar más con los otros, hasta levantarnos gracias a esos vínculos. Más aún, en estas circunstancias, la *philia* ha de entenderse como el hecho de sentirse menos ajeno al curso del mundo, de formar parte de un medio común al que se puede aportar un granito de arena y enriquecerlo de diversas maneras y según las posibilidades de cada uno y sin aplastar a nadie. Aspectos que se hacen eco de una sutil reflexión de Kropotkin, que comprendió que la exigencia de justicia no es suficiente como ambición social, que hay una búsqueda, al final, tan primordial, aunque indisolublemente vinculada, que enuncia en una obra cuyo título es tremendamente elocuente, *La moral anarquista:* «Es preciso que algo más grande, más bello, más vigoroso que la mera equidad, se produzca sin cesar en la vida».[21]

En este sentido la ZAD, entendida no solo como la afirmación de una oposición sino también como ansia de vías alternativas, que hoy puede considerarse como un concepto alimentado por un montón de experiencias, puede ser contemplada como el hogar revivificado de lo que la modernidad tardía convirtió en anticuado, casi obsoleto, y que nosotros olvidamos hace ya mucho tiempo. Sin embargo, algunas aspiraciones esenciales e indefectibles permanecen aún en el fondo de nuestros corazo-

---

21   Piotr Kropotkin, *La moral anarquista* [1889], trad. de Frank Mintz, Buenos Aires, Libros de Anarres, 2008, p. 44.

nes, de nuestras mentes, hasta en nuestro inconsciente, como una parte de nosotros mismos y de la humanidad, indefinidamente preservada, a pesar de todas las embestidas. De modo que pueden reaparecer de manera imprevista, si las circunstancias son propicias y se manifiesta la voluntad. En esos casos no se manifiestan a medias, sino con toda su fuerza, como queriendo compensar esta omisión, casi recuperar el tiempo perdido, para prestar atención finalmente, sin filtro alguno, a esta energía vital, aun a riesgo de quemarse. La causa vale la pena. En el prefacio a una nueva edición, de 1946, de *Un mundo feliz*, Aldous Huxley escribe esas palabras, cuyo alcance y cuyos límites conviene captar:

> Si ahora tuviera que volver a escribir este libro, ofrecería al Salvaje una tercera alternativa. Entre los cuernos utópico y primitivo de este dilema, yacería la posibilidad de la cordura, una posibilidad ya realizada, hasta cierto punto, en una comunidad de desterrados o refugiados del mundo feliz, que viviría en una especie de Reserva. En esta comunidad, la economía sería descentralista y al estilo de Henry George, y la política, kropotkiniana y cooperativista. La ciencia y la tecnología serían empleadas como si, lo mismo que el Sabbath, hubiesen sido creadas para el hombre, y no (como en la actualidad) el hombre debiera adaptarse y esclavizarse a ellas.[22]

Si Huxley da testimonio aquí de su inclinación por diversas dinámicas saludables, debemos no obstante detenernos en una palabra, el nombre de un lugar: una *Reserva*.

---

22   Aldous Huxley, *Un mundo feliz* [1932, 1946], trad. de Ramón Hernández García, Barcelona, Debolsillo, 2003, prólogo.

Pues es la incidencia de esos comportamientos sobre la sociedad lo que debería hacernos reflexionar, ya que, pese a toda
la potencia vital y la fuerza moral que demuestran, están cir-
cunscritos localmente. Aunque la ZAD encarna el terreno de
todas las posibilidades, está inscrita en contextos concretos, en
este caso Notre-Dame-des-Landes, el boscaje. Y no todo puede
realizarse en ese entorno: un marco específico limita, pese a
todo, un sinfín de otros proyectos posibles y deseables, los más
adecuados para ser llevados a cabo en la ciudad, por ejemplo.
Es más, hay algo que queda físicamente delimitado, rodeado
por una frontera más o menos tangible. Y este límite es a fin
de cuentas normal, al menos hasta el día de hoy, en la medida
en que estas aventuras surgieron originalmente del apego a un
territorio y del deseo pujante de realizar en él todo tipo de
prácticas, la mayoría de ellas indisociables de este enraizamiento.
Y tampoco se puede pedir a las personas implicadas en estas
empresas audaces que, además de arriesgarse a interponerse y
a experimentar otras formas de vida, se preocupen también
por toda la felicidad del mundo. Se mantiene, no obstante una
vaga esperanza que, si se examina con detenimiento, parece
una ilusión: ver cómo algún día se extienden estas actuaciones.
En ello confían los propios «zadistas» y a veces se esfuerzan por
conseguirlo, asesorando las iniciativas emergentes mediante el
relato instructivo de sus experiencias, de los momentos únicos
de alegría y a veces de los milagros que genera esta vida regida
en común, pero también de las noches frías y húmedas, de los
abandonos, de los fracasos.

Fuera de estas zonas, donde estamos casi todos nosotros, vemos
esos focos de solidaridad e inventiva con mucha simpatía, pero
también con temor. Tanto coraje, energía y deseos hechos
realidad es tan hermoso, tan raro, que resulta casi heroico. En

3. Breve teoría (crítica) de la ZAD

este sentido, esos impulsos serían el resultado de un exceso de entusiasmo y quizás de una inconsciencia insensata. Esos movimientos podrían deshacerse algún día, ya que parecen tejidos con una tela radical, en el fondo muy arriesgada y frágil. Además, no todo el mundo desea vivir en un boscaje, en tierras apartadas que rápidamente pueden desanimar hasta a los más entusiastas, aquellas y aquellos que, pese a todo, no quieren renunciar a las formas de vida que ofrece el contexto urbano: cafés, restaurantes, cines, teatros, encuentros improvisados, y que en él hallan todo tipo de placeres y descubrimientos. Por esas razones, y por otras muchas, entre las que destaca el miedo a abandonarlo todo de la noche a la mañana, sobre todo por los riesgos económicos que comporta, uno se lo piensa dos veces antes de decidirse a soltar amarras. De ahí que sea inútil esperar de manera hipotética, casi ilusoria, y sobre todo expectante, que esas experiencias libres que hoy son tan escasas vayan a extenderse.

Por ello nos corresponde reconocer la existencia de esa especie de «techo de cristal», sin renunciar en absoluto a las exigencias y deseos que allí se manifiestan. Es decir, la intención tenaz de no resignarse a situaciones abusivas, unida a la de afirmar un montón de aspiraciones divergentes que, en la medida en que tienen en conjunto un elevado alcance moral, político, existencial e incluso civilizacional, deben ser apoyadas por todo el mundo. En otras palabras, en ese momento crucial de la historia es nuestra responsabilidad común hacer que, si queremos acabar con esos marcos limitadores, todos y en todo momento rompamos nuestro aislamiento, movidos por el deseo, demasiadas veces reprimido, de poner en práctica modalidades alternativas que consideramos virtuosas y satisfactorias, y que sean apoyadas con fuerza por la colectividad. Esta disposición constituye así la palanca decisiva de una sociedad plenamente activa y plural, que hace que un sinfín de hermosas excepciones —como las escasas que hasta ahora se atrevían a materializarse y se consideraban extraordinarias— se conviertan poco a poco en reglas de conducta ordinarias.

V. INSTITUCIONALIZAR
LO ALTERNATIVO

I. NUESTRAS GRANDES ILUSIONES

Siempre es delicado fechar *a posteriori* no hechos identificados con precisión, sino fenómenos más intangibles, especialmente aquellos de cuya existencia nos enteramos con retraso. En este sentido, es aventurado afirmar que a mediados de la década pasada se produjo una situación eminentemente paradójica al expandirse simultánea y masivamente dos estados de ánimo diametralmente opuestos entre sí. En primer lugar, la industria digital, cuyo epicentro era Silicon Valley, parecía imponerse en todas partes y convertirse en el ideal económico en el que el mundo entero debía inspirarse en lo sucesivo. El capitalismo, que se caracteriza por transformarse constantemente, había tenido la doble genialidad de iniciar un nuevo ciclo de desarrollo apoyándose con gran destreza en las nuevas tecnologías, y a la vez crear la ilusión de estar adornado con perfiles brillantes. Hacia 2015-2016, fue el momento de gloria del *tecnoliberalismo*, pero al mismo tiempo se producía en el mundo un cuestionamiento creciente de ese mismo capitalismo, de sus efectos nocivos sobre las personas, el tejido social y el medio ambiente. Sin embargo, a diferencia de lo que ocurrió unos quince años antes, al comienzo del nuevo milenio, cuando se produjeron las tumultuosas protestas de la cumbre del G7 de Seattle en 1999 y de Ginebra en 2001, en este período no hubo solamente rechazo, sino muchos deseos de lograr formas de vida más equitativas y deseables, que ambicionaban crear experiencias claramente apartadas de ese modelo único y devastador. Y parecía que esas experiencias empezaban a proliferar, mostrando signos crecientes de una evolución importante.

Como todos los fenómenos emergentes que empiezan a marcar la pauta de una época, ocurre que ciertos actos captan perfectamente su alcance, hasta el punto de hacer de ellos una síntesis significativa y mostrarlos a los ojos de todos. Puede ser un libro, un artículo especialmente bien documentado o, más raramente, una película de ficción o un documental. Y fue justo en los últimos días de 2015 cuando se estrenó en los cines, primero en Francia, una producción que era un testimonio vivo del nacimiento de ese nuevo *ethos*, hecho de un montón de iniciativas que ya no se contentaban con denunciar sino que pretendían instaurar, en el terreno de las realidades vividas diariamente, modalidades virtuosas. La película era *Demain* (*Mañana*), realizada por Cyril Dion y Mélanie Laurent. En dos horas se narraban a buen ritmo toda clase de iniciativas cuya resuelta intención era abandonar las lógicas capitalistas, favorecer comportamientos interesados en prioridades ecológicas y establecer relaciones entre las personas, ya no estrictamente comerciales, sino más armoniosas. Lo que llamaba la atención era la dimensión muy concreta de esos actos, cuyos autores eran individuos, grupos y a veces municipios. En el documental se mostraban experiencias, se escuchaba la voz de testimonios de aquellas y aquellos que de la noche a la mañana rompieron con su vida anterior y se pusieron a trabajar, con más o menos conocimientos, en la agroecología o la permacultura. La mayoría de estas aventuras eran bastante atrevidas y parecían llenar de felicidad, y también de un discreto orgullo, a quienes las habían emprendido. Todas esas personas habían sabido, con entusiasmo e ingenio, dar nueva vida a las tierras, preocupándose ante todo de preservarlas, y garantizando además formas de autosuficiencia, es decir, recursos financieros regulares más que necesarios para su subsistencia. Era como contemplar un cúmulo de pequeños milagros, que forzosamente suscitaban entusiasmo y admiración. Se veían también ciudades o regiones que habían optado por monedas locales, cuyo efecto inmediato había sido revitalizar el comercio de proximidad y favorecer una economía circular, además de promover el «residuo cero» y diversas formas de democracia «participativa» y de implicación ciudadana. Todo esto con una banda sonora de fondo llena de ritmo, que daba la impresión de que estaba en marcha un movimiento decisivo imparable.

La película tuvo un éxito instantáneo entre el público, con más de un millón de entradas vendidas en unos meses. E inmediatamente después se vendieron los derechos para su distribución en unos treinta países. Esta acogida se debió sin duda a la calidad del producto, pero sobre todo a que la película parecía haber captado perfectamente, y en el momento apropiado, un poderoso signo de la época: la aspiración a formas de vida más satisfactorias, que se iba acentuando cada vez más. También ayudó a acabar de convencer a muchos de la aguda crisis de un modelo, que había demostrado ser nocivo, y de que era prioritario «cambiar de paradigma». Un año más tarde, el diario *Liberation* hablaba de nuevo de este fenómeno en los siguientes términos: «En una hora y cincuenta y ocho minutos, Cyril Dion consigue lo que decenios de lucha ecologista no habían logrado: sentar las bases de una "nueva ficción colectiva"».[1] Sin embargo, si se analiza más detenidamente, más allá de todo lo que se exponía y que a menudo mostraba logros encomiables, la película

---

1   Diane Lisarelli, «Le monde après "Demain"», *Libération*, 12 de abril de 2017.

tenía dos defectos que, varios años más tarde, los hechos parecen confirmar. En primer lugar, el tratamiento no podía hacer sino exagerar la importancia del movimiento y, al hacerlo, tendía a producir, aunque de forma bastante imperceptible, una especie de ficción; esta «ficción colectiva», evocada en el artículo de forma tan entusiasta y elogiosa. Puesto que, aunque sugería que había una dinámica destinada a extenderse inevitablemente, en realidad no basta con querer las cosas, ni siquiera las presuntamente virtuosas, para que esos deseos se conviertan en realidad. Pues, como escribía Marx, en 1843, en una carta a Arnold Ruge: «El mundo tiene desde hace largo tiempo el sueño de una cosa, de la que solo hace falta que tome conciencia para poseerla realmente». El segundo defecto era su título: *Mañana*. Como si se dibujase, en potencia, el mundo que sin lugar a dudas iba a florecer pronto y en todas partes. Es más, todo lo que estábamos viendo constituía sin lugar a dudas el germen de un gran ideal común, el que necesitaríamos ya y por encima de todo.

La película parte de un presupuesto que se vio confirmado tras el eco suscitado y la gira de presentación y de debates protagonizada por sus autores en Francia y en el extranjero. El presupuesto de que todas esas iniciativas, que emanan de una multitud de voluntades, se extenderán indefectiblemente y harán que surja muy pronto —mañana— un mundo armonioso. Casi el mismo que el que esperaban cuatro años más tarde, cuando el primer confinamiento debido al COVID, y con la misma buena fe, aquellos y aquellas que pedían trabajar sin demora en la construcción de un «mundo de después». Una clara señal de que entretanto las cosas no habían cambiado mucho, al menos no tanto como se esperaba. Lo que toda esta historia y sus secuelas —artículos, programas, debates públicos— daba a entender es que se trataba de una oportunidad que no podía dejarse escapar, resultado de una conjunción de factores eminentemente favorables a un gran y beneficioso cambio histórico. Es decir, la conjunción de la constatación, ya muy compartida, del agotamiento de un modelo, la proliferación de iniciativas, precursora de un movimiento todavía embrionario, y la incipiente voluntad prácticamente universal de trabajar por un cambio radical de nuestras formas de vida. De ahí surgió una ilusión: creer que a través de la proliferación de acciones individuales o grupales se ponía en marcha una dinámica irresistible. Por ello, y en contra de las apariencias, la película estaba impregnada de un espíritu liberal, en el sentido de una tradición política que afirma que todo el mundo es libre de actuar como le parezca, siempre que respete las leyes, y que la primera palanca de las transformaciones de la sociedad es ante todo la expresión de la fuerza de los individuos, de sus deseos, inventiva y audacia.

Esta mentalidad está directamente relacionada con el movimiento personalista surgido en la década de 1930, inspirado sobre todo por Emmanuel Mounier y reivindicado más tarde por Bernard Charbonneau. Esta corriente de pensamiento invitaba a no confiar en hipotéticos futuros radiantes, prometidos por algunos ideólogos ávidos de poder, y en su lugar favorecer procesos surgidos de la base, con la intención de huir del modelo dominante, augurando un contagio del ejemplo, destinado a conquistar poco a poco buena parte del cuerpo social. En realidad, se trata de un deseo piadoso, puesto que no se puede contar solo con las acciones individuales, que implican alejarse de caminos trillados e incurrir, por tanto, en ciertos riesgos. Teniendo en cuenta las necesidades de la vida diaria, las facturas que hay que pagar y los hijos que hay que criar, no todo el mundo, a pesar de su conciencia y de sus aspiraciones, puede permitirse romper con un marco de vida, sin duda limitado a menudo, pero que ofrece una forma de seguridad indispensable para nuestra subsistencia y nuestro equilibrio psíquico. Y esta necesidad es aplicable a la mayoría. Es la principal razón por la que, ya en su momento, el efecto de contagio esperado no se produjo, y por la que hoy todas esas iniciativas, que sin duda se han extendido desde hace una decena de años, siguen siendo más que marginales en la sociedad y en el mundo. Podríamos afirmar, suponiendo que la medida sea aún menor, que representan simbólicamente un 1%, y que se requerirá mucho tiempo antes de llegar ni siquiera a un 2%, si es que alguna vez se alcanza este volumen. No obstante, dado que los humanos somos seres de relato y de proyección imaginaria, parece que esta «ficción colectiva» de un mundo luminoso gracias a la expresión de todas las buenas voluntades es tenaz.

En realidad, se trata sobre todo de una cuestión de dinero y de estatus social. Ya que los que se deciden a «soltar amarras» y se atreven a emprender ese tipo de experiencias pertenecen por lo general a dos clases sociales muy distintas y perfectamente identificables. La primera, constituida por personas relativamente acomodadas, que por lo general tienen estudios superiores, ejercen profesiones liberales, artísticas o culturales, o trabajan en la enseñanza, y que deciden abandonar unos marcos poco satisfactorios que no responden a sus aspiraciones profundas, animados por el hecho de disponer de ahorros, a veces un patrimonio inmobiliario e incluso en ciertos casos de la posibilidad de suscribir un crédito. Por eso su iniciativa puede considerarse de riesgos limitados. La segunda clase es más difusa: se compone de personas con ingresos modestos, incluso casi inexistentes, o que se encuentran a veces en situaciones personales muy críticas. Todas esas personas tienen en común que, por lo general, son cultivados, han tenido tiempo de documentarse, en definitiva, de haberse forjado una conciencia política, hasta el punto de alejarse de las formas de vida dominantes para comprometerse con formas de vida marginales, y están dispuestas a vivir con poco, frugalmente y con una «simplicidad voluntaria».[2] Podríamos decir que hay en esos procesos un grado de responsabilidad o incertidumbre a menudo muy elevado, aunque están impulsados por la constatación de que había que decidirse a emprenderlos o aceptar la muerte del alma, por así decir. Y entre estas dos franjas, muy dispares y alejadas la una de la otra, se encuentra una inmensa mayoría, constituida por individuos poco cualificados, que viven modestamente o están en paro, a veces con familias numerosas y viviendas pequeñas, cuyas principales preocupaciones no son construir el mundo de mañana, sino las necesidades de la vida diaria. Para todas estas gentes, golpeadas en mayor o menor grado por la miseria social, antes llegará el fin de los tiempos que el día feliz en que, llenos de entusiasmo y de esperanza, den el salto hacia una vida más sana y enriquecedora. Todo esto no ocurrirá jamás, debido a una cruel falta de método.

Desde hace unos años se ha impuesto una especie de dogma. Cualquier proyecto que pretenda hoy ser alternativo supone dedicarse casi exclusivamente a la permacultura, abandonando por lo general la ciudad para ir a vivir a regiones bastante despobladas. Ese conjunto de acciones, especialmente seductor, que asocia un aspecto profundamente ecológico, respeto a la especificidad del biotopo, comprensión de los elementos hasta alcanzar una intimidad con ellos —al mismo tiempo que se

2 Sobre este tipo de experiencias recientes, cf. Cédric Biagini y Pierre Thiesset (ed.), *Vivir la simplicidad voluntaria* [2014], trad. de Leydi Casas, Madrid, Popular, 2022.

aparta del modelo dominante—, parece ser una síntesis perfecta de las aspiraciones de la época. ¿Quién no ha visto recientemente u oído hablar de personas jóvenes, con estudios o recién ingresadas en el «mercado de trabajo», que han decidido de la noche a la mañana, y desengañadas, abandonarlo todo para dedicarse, con sus propios medios o con la ayuda de sus familias, a esta práctica tan de moda, que se ha convertido en sinónimo de una vida sobria y armoniosa? Se han convertido en los nuevos y modestos héroes que «silenciosamente van a cambiar el mundo». Sin embargo, hay un doble escollo en esta postura: en primer lugar, y una vez más, se trata únicamente de una iniciativa individual y, por tanto, bastante aislada. En segundo lugar, empieza a ser casi el único modelo de divergencia. No obstante, la mayoría de las personas que quieren evolucionar «al margen del sistema» no desean convertirse exclusivamente en agricultores, aunque adopten la prácticas más virtuosas. Como si el horizonte más deseable fuera ver a mucha gente convertida en permacultor, viviendo de la autosuficiencia alimentaria y comerciando con productos de sus parcelas, de acuerdo con un survivalismo que no respondería a su nombre, ya que no es catastrofista, sino una tendencia «responsable», de aire apacible y *cool*.

Las ganas de ir a otros lugares —marcharse lejos— responden a una inclinación recurrente en tiempos de la esclavitud capitalista, que desde hace más de un siglo ha adoptado diversas formas. Y ninguna de ellas —hay que señalarlo porque esto significa estar atentos a la historia y a sus posibles lecciones, en vez de mantenerse bastante ciegamente apegados al presente— ha modificado jamás en profundidad las cosas ni se ha extendido, a pesar del impulso de libertad que parecía animarla. Es muy larga la lista de personas o de grupos que, ante la dureza de un sistema y la constatación de la incapacidad de combatirlo, o de transformarlo desde el interior, han optado por la «deserción alternativista», haciéndose eco de cierta cultura radical «de la autenticidad», al estilo neorromántico de Henry David Thoreau y su famosa obra *Walden o la vida en los bosques*.[3] Nos referimos ante todo a los «anarquistas individualistas» de principios del siglo XX, cuyas aspiraciones y aventuras fueron primorosamente narradas por Anne Steiner en su obra, *Les En-dehors. Anarchistes individualistes et illégalistes à la «Belle Époque»*:

> Los llamados «en-dehors» evitan el trabajo asalariado, viven en camaradería, limitan drásticamente el consumo, cuestionan la alimentación, practican el pillaje y el fraude. [...] Al negarse a sacrificar su presente por un futuro lejano, se muestran resueltos a «vivir su vida» de la manera más intensa posible, sin esperar los cambios sociales que tardan en llegar.[4]

Pensamos también en otras experiencias de espíritu libertario que se desarrollaron en este período. Como la de Monte Verità, que floreció en el Tesino, promovida sobre todo por ciudadanos alemanes, inspirados por la teosofía y la *Lebensreform* (reforma de la vida), que predicaban, cada uno a su manera, un «retorno a la naturaleza», el veganismo, la meditación y la práctica regular y creativa de la danza, impulsada por el coreógrafo y teórico de la notación del movimiento Rudolf Laban. Todos defendían que, en una sociedad golpeada por la inercia y la monotonía, la única perspectiva posible era intentar cambiar las situaciones a mejor optando deliberadamente por una marginalidad sana y feliz. Y no es casual que

3   Henry David Thoreau, *Walden* [1854], ed. y trad. de Javier Alcoriza y Antonio Lastra, Madrid, Cátedra, 2007.
4   Anne Steiner, *Les En-dehors. Anarchistes individualistes et illégalistes à la «Belle Époque»*, París, L'échappée, 2019, pp. 11 y 14.

Monte Verità sea un episodio especialmente celebrado hoy. En la misma línea surgieron las «colonias libertarias», entre las que destacan L'Essai, fundada en 1903 en Aiglemont, en las Ardenas francesas, por el sindicalista y anarquista Jean-Charles Fortuné Henry, que proclamó, junto con sus compañeros, que «es obligado desarrollarse en todos los aspectos», «esculpirse a sí mismo»; «vivimos sin Dios, sin patria, sin dueño, libres, con la sensación en cada momento de estar viviendo lo que desearíamos haber vivido».[5] Apenas unos años más tarde, en 1906, se creó en Stockel, en las afueras de Bruselas, L'Expérience, cuyos miembros pretendían poner a prueba la validez de la hipótesis comunista y proponían implementarla. Se trataba de una asociación, con el estatus legal de cooperativa, en la que «cada uno producirá según sus fuerzas y consumirá según sus necesidades», retomando la famosa frase pronunciada por Louis Blanc en 1839. Los nombres asignados a esas sociedades, El Ensayo, La Experiencia, representan la voluntad de experimentar, de desprenderse de los esquemas dominantes para recorrer caminos mucho menos transitados, aunque sembrados de zonas desconocidas, inevitables pero estimulantes. En ese sentido pretendían sustituir la propaganda por los hechos, que entonces consistían básicamente en actos de sabotaje y en una guerrilla encubierta, una «propaganda mediante el ejemplo», capaz de demostrar que son posibles y viables otras formas de organización y de vida no envilecedoras y solidarias.

Si bien esas iniciativas partían de la constatación de que el sistema vigente obligaba a la inmensa mayoría a plegarse a normas rígidas, asfixiantes, casi mortíferas, y por tanto aspiraban a ins-

---

5   André Mounier, *En Communisme. La colonie libertaire d'Aiglemont*, Imprenta especial de la Colonia de Aiglemont, 1906, p. 23.

taurar contramodelos saludables, sin embargo no se preocuparon de concretar una dinámica de conjunto. Precisamente por esta razón Marx, a quien se remitían por aquel entonces muchas de ellas, tiempo atrás las había calificado de «robinsonadas». Por ello, creer que los riesgos asumidos individualmente o en pequeños grupos, como los que aparecen en *Demain*, a pesar de su relativa multiplicación, pueden modificar a largo plazo y en profundidad el estado de la sociedad, es no haber aprendido nada de la historia. Presentar una propuesta de este tipo es engañarse con ilusiones, que sin duda tienen el don de seducir tanto a quienes sueñan con actuar así pero no tienen ni los medios ni el valor para hacerlo, como a las revistas ávidas de esos «saltos del ángel salvajes» que en todas partes «cambian la faz del mundo». El colmo de esta sociedad del espectáculo saturada ya de «robinsonadas» sería, por ejemplo, Sylvain Tesson que, aunque disfruta de ingresos considerables gracias a la venta de sus libros para el gran público —dado que parece ofrecer por delegación chutes de aire absolutamente puro a quienes no pueden procurárselo con regularidad— afirma, sin miedo a caer en el mayor ridículo y con una grandilocuencia fuera de lugar: «A las sociedades no les gustan los ermitaños. No les perdonan que huyan. Desaprueban la ligereza del solitario que lanza a la cara de los otros su "seguid sin mí". Retirarse es despedirse de sus semejantes. El ermitaño niega la vocación de la civilización, es su crítica viva».[6]

Estamos ante la fase terminal —en su variante supuestamente iconoclasta— del sistema liberal, que convierte la expresión de John Locke, la «propiedad de sí mismo», en la fuerza suprema del rechazo —mediante acciones— del orden dominante, hasta el

6   Sylvain Tesson, *Dans les fôrets de Sibérie*, París, Gallimard, 2011, p. 149 (trad. cast.: *En los bosques de Siberia*, trad. de Isabel González-Gallarza, Madrid, HarperCollins, 2021).

punto de permitir a un parisino de clase alta, capaz de alejarse de ese orden en repetidas ocasiones, imaginar que: «La ecuación de esas conquistas conduce a una cabaña».[7] Nos gustaría replicar a ese maquis de los platós de radio y de televisión que en muchos suburbios y lugares donde abunda el paro hay mucha gente que, dada su situación de penuria, desgraciadamente no dispone de medios para convertir su cruel ecuación en «una conquista capaz de llevarlos a una cabaña». Pues no conseguimos acabar de una vez por todas con esta exaltación de la *wilderness*, con este ideal fantaseado de «la vida salvaje» —en la estela del trascendentalismo del filósofo Ralph Waldo Emerson—, que desde hace unos años ha sido ensalzado en todas partes de forma sensacionalista. Tras un siglo de concreciones y excesos de todo tipo, no conseguimos desprendernos de esos ciclos reactivos y a menudo impulsivos, que son un testimonio de lo que podríamos llamar repentinos «saltos de conciencia» más que de una conciencia madura y reflexiva que elabore estrategias apropiadas y pertinentes *que impliquen al mayor número posible de personas*. En este sentido Bernard Charbonneau acabó reconociendo al final de su vida, y en contradicción con las palabras pronunciadas varios decenios antes, que la esperanza de ver expandirse hermosas iniciativas era ilusoria, porque para la inmensa mayoría hay en esas iniciativas demasiadas cosas desconocidas y demasiado riesgo: «Si desde las profundidades surge una voz que empuja al hombre hacia su libertad, hay otras mil que le incitan a renunciar a ella».[8]

Sin embargo, lo que hay que considerar ante todo es la conciencia ya ampliamente compartida del agotamiento de un modelo,

---

7   Sylvain Tesson, *Dans les fôrets de Sibérie*, *op. cit.*, p. 150.
8   Bernard Charbonneau, *Je fus. Essai sur la liberté* [1980], París, R&N, 2021, p. 118.

y el deseo cada vez mayor de implementar formas de vida más armoniosas. Este es el punto central de nuestro tiempo. En realidad, nos sentimos bastante desamparados, sin saber exactamente qué hacer, puesto que no forma parte de nuestro orden social favorecer la aparición de modalidades alternativas; al contrario, lo que debe prevalecer son los marcos normativos. Así que, dado nuestro desconcierto, hay quien cree haber hallado la panacea. Desde hace unos diez años y para hacer frente a las penurias de la época, a la continua expansión del régimen de precariedad y a las dificultades de tantos jóvenes para hallar su puesto en la sociedad, ha surgido lo que se presenta como una gran y generosa idea: *la renta básica universal*. Cuánto se ha escrito sobre este proyecto y sus variantes, y cuánta esperanza ha suscitado en todas partes. Así, a través de la fiscalidad y de los gravámenes a las empresas —mientras los cargos electos y los teóricos piden gravar la implantación de robots en las empresas— se consigue ratificar del mejor modo posible el modelo vigente, so pretexto de una transformación supuestamente histórica, en vez de dedicarnos a crear otros nuevos. Los poderes públicos se encargarán, como si fueran Dios padre, de dar una limosna a las masas de pobres, la mayoría en situación de grave penuria, que tendrán ante sí la brillante perspectiva de poder garantizar algo más su supervivencia. Se trata de un nuevo programa de espíritu profundamente liberal. La sociedad es suficientemente rica, los GAFA (Google, Apple, Facebook, Amazon), por ejemplo, están a la cabeza, y se propone, en consecuencia, un gravamen marginal a sus beneficios para contribuir a ayudar a las personas en paro. No es casual que los gurús de Silicon Valley apoyen con fuerza esta iniciativa. ¿Hay algún modo mejor de garantizar la paz social, mientras esas empresas trabajan ardua y descaradamente en la automatización integral del mundo y en la supresión de cualquier aportación humana a la gestión de las cuestiones comunes? La aplicación de ese programa no hace más que reforzar nuestro aislamiento colectivo, dejando que cada uno se las componga solo, con sus nimios subsidios. ¿Cómo no captar la tristeza en esas pocas líneas y en el espíritu de esas medidas, testimonio de una cruel falta de aliento y de esperanza?

Recientemente, y vista la desorientación y la preocupación ecológica, elevada ya a la categoría de imperativo exclusivo, ha surgido otra idea, ensalzada por sus inventores como muy beneficiosa: los «empleos verdes»,[9] esto es, contratos públicos con jóvenes para limpiar los ríos contaminados, formarlos en la clasificación de residuos o ayudar a las cuadrillas municipales a instalar cajas adornadas con arbustos sobre el asfalto de las ciudades, que ahora se exige en todas partes que estén «vegetalizadas». Se parece en cierto modo a un plan a gran escala, como los que la China de Mao supo crear para mantener ocupadas a las «masas populares», como cuando en tiempos del Gran Salto Adelante,* entre 1958 y 1962, se obligó a cientos de millones de personas a eliminar a los gorriones que anidaban en los árboles, por una razón supuestamente profiláctica. Una propuesta así solo puede venir de enarcas** recién salidos de la institución, que apelan a un socialismo de otra época y pretenden, desde la cima del Estado, erigir una gran muralla o cadenas humanas dedicadas a «reparar el planeta». Este plan ignora las aspiraciones

9   Cf. Institut Rousseau y Hémisphère Gauche, «Pour une garantie à l'emploi vert», 7 de febrero de 2021 [www.institut-rousseau.fr/pour-une-garantie-a-lemploi-vert].

*   Campaña de medidas económicas, sociales y políticas implantadas en la República Popular China durante la dictadura de Mao Zedong, con el objetivo de transformar la tradicional economía agraria china a través de una rápida industrialización y colectivización. *(N. de la T.)*

**   Alumnos de la ENA, la Escuela Nacional de Administración con sede en Estrasburgo, sustituida en 2021 por el presidente Macron por el Instituto del Servicio Público. *(N. de la T.)*

de toda una generación, que no quiere medidas paternalistas ni ser instrumentalizada en nombre de una causa. En realidad, la mayoría lo vive como una humillación, ya que implica renunciar a su deseo de expresar plenamente sus capacidades, de ser libre de experimentar y de establecer vínculos provechosos y de cooperación con los demás, todo lo contrario del papel de simple engranaje funcional que se le promete con la mano sobre el corazón.

En este momento tan peculiar de la historia del mundo, en el que asistimos al agotamiento, incluso a la agonía, de los dogmas que han prevalecido durante medio siglo, unido a la crisis del COVID y a la amplitud de los daños y de todos los cuestionamientos que suscita, tenemos la sensación de estar viviendo el final de un ciclo y de que ha llegado el momento de dar paso a nuevos paradigmas. Son muchos los que lo desean, pero en medio de esta reciente profusión de buenas intenciones ignoran qué forma podría adoptar ese cambio tan esperado, ni cuál sería su alcance, o si realmente llegará a producirse. Nos encontramos, pues, ante una encrucijada, hecha a la vez de expectativas y de incertidumbres, pero también de temores. Por consiguiente, lo que debemos hacer es trabajar para hacer realidad nuestras ambiciones sin engañarnos a nosotros mismos, alejándonos de las modas y de los patrones uniformes, *y sin olvidarnos nunca de involucrar al mayor número posible de personas.* Y eso al margen de las lógicas de clases que insidiosamente prevalecen en cuanto empezamos a soñar en voz alta con horizontes brillantes, olvidándonos demasiado a menudo de los bajos fondos más o menos irrespirables, que en todas partes socavan la sociedad.

Desde hace más de un siglo, nos enfrentamos a una ecuación muy paralizante, que sin embargo nunca hemos intentado resolver. Está compuesta de dos términos, muy distintos desde luego, pero que nosotros nos empeñamos en considerar diametralmente opuestos. El primero postula que es ante todo, y a veces exclusivamente, desde la base, desde el dinamismo de los individuos, que pueden surgir muchas iniciativas beneficiosas, de acuerdo con unos axiomas que, como acabamos de ver, tienen unos límites. El segundo pretende, sin ningún tipo de arrebatos líricos y de forma muy prosaica, que es el Estado y las instituciones, a través de un intervencionismo voluntario, los que podrán instaurar marcos más favorables, aunque nunca serán capaces de responder a la peculiaridad de todos los deseos de vivir según otros códigos. Nunca nos hemos propuesto superar esta divergencia, aparentemente inconciliable. Ahora bien, lo que debemos cuestionar hoy es precisamente su validez.

Ese propósito supone dejar atrás representaciones obsoletas, que hace ya tiempo han demostrado su inconsistencia, y no considerar cada una de esas perspectivas como inevitablemente antagónica, sino como la posibilidad de convertir su entrecruzamiento en la primera fuerza para realizar transformaciones fecundas. Es decir, que el poder público —que emana de nosotros— se conceda los medios, sin más demora y con energía, para apoyar todas las iniciativas que considere virtuosas, pero sin ningún deseo de controlarlas. Y eso se hace sobre todo creando una serie de colectivos, en todos los ámbitos de la vida, que respondan en la práctica a esas nobles aspiraciones. Podríamos llamar a esto un proyecto de sociedad que haga sociedad, como nunca antes se ha hecho, y que además elimine dosis de tristeza, que estamos demasiado acostumbrados a considerar normales, y las sustituya por dosis de alegría, porque convierten el objetivo de hacer respetar nuestros principios y de realizar nuestros deseos más profundos en la fuente viva de nuestras fuerzas activas.

2. LA PRIMAVERA DE LOS COLECTIVOS

En el espacio de casi tres décadas —entre los años 1930 y 1960— se produjo un fenómeno cuya importancia civilizacional nos costó mucho captar. Disponemos de dos marcadores singulares para identificar a grandes líneas el comienzo y la primera conclusión de esta larga secuencia. Se trata de dos películas, que son testimonios emblemáticos de algunos de los fenómenos decisivos de su época, y también de lo que ocurrió en el lapso de tiempo que los separa. La primera es *Tiempos modernos*, realizada por Charles Chaplin en 1936, que expone desde la perspectiva de las experiencias vividas por su personaje principal las características del trabajo en una cadena de montaje, que por aquel entonces se estaba imponiendo en los centros de producción. Los cuerpos se someten a gestos mecánicos y repetitivos, porque realizan tareas fragmentadas e idénticas, que han de ejecutar a ritmos constantes. Procesos y ritmos maquínicos mantienen encadenados a los obreros, los cuales, semejantes a autómatas de carne y hueso, están aplastados durante largas horas por la carga de trabajo. Es la aplicación rigurosa e implacable, aunque tratada en la película de manera irónica y crítica, de las teorías de Taylor, tal como se aplicaban entonces, sobre todo en las fábricas Ford. Esas teorías se limitaron a dar una versión casi científica de métodos entronizados al comienzo de la Revolución industrial, y que se fueron perfeccionando constantemente hasta extenderse a todas las grandes fábricas.

La segunda película es *Playtime*, realizada por Jacques Tati y estrenada en 1967. Lo más destacable de ese filme es que muestra la extensión, treinta años más tarde, de esta mecanización del trabajo, que acabó aplicándose, aunque con distintas modalidades, a otros sectores de actividad: la industria de los servicios, la administración e incluso algunos esquemas de organización de la ciudad. Aspecto que aparece en una escena famosa en la que el protagonista principal, Monsieur Hulot, a medida que va subiendo por una escalera mecánica, descubre un inmenso escenario constituido por una infinidad de cabinas individuales para los miembros del personal. Un espectáculo impresionante y concentrado de un mundo laboral, en el que la división del trabajo se ha convertido en la regla dominante. Es como si el taylorismo, que al principio solo se aplicaba a las funciones manuales, se hubiera extendido a casi todos los oficios debido a dos factores: *el triunfo del espíritu utilitarista y la consiguiente generalización del trabajo asalariado.* En otras palabras, el desarrollo de las grandes empresas y administraciones, cuyo único fin era alcanzar sus objetivos, dependía de la integración en su seno de multitud de empleados obligados a aceptar unas condiciones estrictamente definidas, que les permitían a cambio recibir una determinada suma, casi siempre de forma mensual.

No obstante, lo que también se ve en *Playtime* es que son esos dos fenómenos los que conjuntamente favorecieron la llamada sociedad «de consumo», cuya naturaleza y funcionamiento fueron perfectamente analizados por Jean Baudrillard en un libro de 1970, que lleva el mismo título.[10] Si aceptamos

---

10   Jean Baudrillard, *La sociedad de consumo: sus mitos, sus estructuras* [1970], trad. de Alcira Bixio, Madrid, Siglo XXI, 2009.

estos procesos impersonales y a menudo monótonos, es sin duda para disponer de medios de subsistencia, pero también para participar en esta gran y embriagadora aventura de la adquisición de bienes y de servicios de todo tipo. Aparece otra dimensión, que a primera vista parece menos manifiesta, pero que es omnipresente. Monsieur Hulot la vive personalmente: *una inquietante impresión de extrañeza*, retomando el concepto teorizado por Freud (*das Unheimliche*, en alemán),[11] ya que se siente constantemente perdido debido a la reciente y rápida aparición de muchas novedades, lo que crea en él una sensación de distancia, hasta de desorientación, tanto respecto de un urbanismo marcado en todas partes por el anonimato, como de comportamientos que parecen proceder de siluetas con aspecto casi de fantasmas.

Entre el final de esta secuencia y el período actual, medio siglo más tarde, esta dimensión de extrañeza ha sido sustituida por su opuesto, en cierto modo: *una condición que, con el paso de generaciones y hábitos, hoy parece natural*. Como si cuanto más haya impregnado nuestras vidas, más llegará a ser casi transparente, según un esquema que remite a este pensamiento de Blaise Pascal: «No es preciso que él sienta la verdad de la usurpación, esta fue introducida antiguamente sin razón, se ha vuelto razonable. Hay que hacer que la miren como auténtica, eterna, y ocultar sus comienzos si no se quiere que pronto tenga fin».[12] A este propósito, Marx se apresuró a aclarar los mecanismos subyacentes, que consisten en dar «su fuerza de trabajo» a una tercera instancia a cambio de una retribución que, debido a la

---

11   Sigmund Freud, *Das Unheimliche (Lo siniestro)* [1919], ed. bilingüe, Buenos Aires, Mármol-Izquierdo Editores, 2014.
12   Blaise Pascal, *Pensamientos* [1670], trad. de Mauro Armiño, Madrid, Valdemar, 2005, p. 86.

necesaria plusvalía, nunca será equivalente a los esfuerzos aportados. El asalariado ha generalizado cada vez más el principio de alienación, debido a que no puede aprovechar plenamente el fruto de su trabajo ni es capaz de emplearlo según sus propios deseos. Por esta razón Proudhon, algo más tarde, vio en la apropiación de los medios de producción en forma de autogestión la única salida capaz de acabar con esas modalidades degradantes. William Morris, por su parte, en su libro *Cómo vivimos y cómo podríamos vivir*,[13] señalaba que el trabajador moderno ya no era capaz de realizarse en el trabajo porque estaba reducido a la condición de un ser sin cualidades, totalmente amorfo, a fuerza de realizar día tras día trabajos extenuantes y repetitivos. De ahí el llamamiento a «abolir el trabajo asalariado», formulado por el movimiento obrero en el siglo XIX. Y el llamamiento aún más radical lanzado en mayo de 1968 por Guy Debord y los situacionistas: «No trabajéis nunca». Aunque todas estas aspiraciones, expresadas regularmente, jamás han encontrado las condiciones viables y generalizadas para su realización.

Este estado más o menos acentuado de servidumbre remunerada —y su opuesto, el desempleo, considerado la desgracia suprema— es uno de los fenómenos decisivos de la modernidad hasta nuestros días. Ahora bien, el hecho de vernos forzados a ese estado y resignados a no poder salir de él representa la principal causa de nuestros sufrimientos, que nos reduce a una vida mediocre marcada por la subordinación, la competitividad y la obligación, para quienes pueden permitírselo, de realizar estudios casi siempre tediosos y destinados únicamente

---

13   William Morris, *Comment nous pourrions vivre* [1887], París, Le Passager Clandestin, 2010 (trad. cast.: *Cómo vivimos y cómo podríamos vivir*, trad. de Federico Corriente, Logroño, Pepitas de Calabaza, 2013).

a permitirnos ingresar algún día en el «mercado de trabajo». Y esto produce aislamiento, sentimientos de rencor y patologías físicas y mentales. Por eso este mecanismo debería ser objeto de una revisión radical y profunda, en vez de complacernos en denunciar constantemente y como desde fuera los estragos del capitalismo, y acabar ocultando lo que en principio hace posible su continua expansión. Ese modelo devastador para los cuerpos, las mentes y el medio ambiente, que está vigente desde hace mucho tiempo, primero en Occidente y luego en el mundo entero, se construyó sobre el doble resorte del trabajo asalariado y del consumo, al que casi todos contribuimos: «Solo una vez alcanzado el umbral de la ruptura, el capital en fin suscita al individuo en tanto consumidor, y no ya únicamente al esclavo en tanto fuerza de trabajo. Lo produce como tal. Con ello, no hace sino suscitar un nuevo tipo de siervo, el individuo como fuerza de consumo».[14]

En *La condición humana*, Hannah Arendt distingue tres formas de actividades humanas: *la labor, la obra, la acción*. La primera, con mucho la menos gratificante, consiste en realizar operaciones estrictamente funcionales, que podrían ser efectuadas indiferentemente por otros. Es la práctica que desde hace dos siglos se ha impuesto de forma masiva. La segunda depende del *Homo faber*, que fabrica bienes tangibles y experimenta placer y satisfacción, tanto durante el proceso de producción como ante el resultado final. Finalmente, la tercera —aquella a la que todos nosotros aspiramos secreta o explícitamente— consiste en: «actuar, en su sentido más general, tomar una iniciativa, comenzar [...], poner algo en movimiento»,[15] en

14 Jean Baudrillard, *Crítica de la economía política del signo* [1972], trad. de Aurelio Garzón del Camino, México, Siglo XXI, 2007, p. 83.
15 Hannah Arendt, *La condición humana* [1958], traducción de Ramón Gil Novales, Barcelona, Paidós, 2007, p. 207.

definitiva, en sentirse plenamente parte del proyecto iniciado y expresar del mejor modo posible sus cualidades. Lo que Marx en *El capital* llama «desarrollar las potencialidades latentes». En ese sentido, no hay que considerar la «decencia ordinaria» —definida por George Orwell como una forma de sensatez y de actitud contraria a toda desmesura— como un valor de importancia primordial. Nos conviene igualmente considerar el principio de «creatividad y plenitud ordinarias» como una exigencia sumamente importante, puesto que tenerlo en cuenta ofrece márgenes de libertad, a la vez que implica el respeto a la singularidad de cada uno y, en consecuencia, a las relaciones interpersonales, que rechazan su instrumentalización y son, por tanto, más equitativas y armoniosas.

¿Acaso no es esto todo lo que necesitamos imperiosamente hoy en día? Cuando estamos viviendo en esa década de 2020 un momento histórico, y convertirnos en seres activos es la aspiración más compartida y a la vez más reprimida, ¿vamos a seguir sin darnos cuenta de su importancia y sin tratar de darle una traducción concreta y viable? Es la coyuntura ideal para hacer que el consejo que la madre de Angelo Pardi, personaje principal de *El húsar en el tejado*, de Jean Giono, le da a su hijo —«Sé siempre muy imprudente, pequeño mío, es la única manera de disfrutar un poco en esta época tan prosaica»—[16] no sea considerado, pese a su fuerza de atracción, como una perspectiva irrealizable por los riesgos que entraña, sino que cualquiera que desee seguirlo pueda hacerlo, sin exponerse a un grave peligro él o sus allegados.

16   Jean Giono, *Le Hussard sur le toit* [1951], París, Gallimard, 1995, p. 305 (trad. cast.: *El húsar en el tejado*, trad. de Francesc Roca, Barcelona, Anagrama, 1995).

2. La primavera de los colectivos

En este sentido deben fomentarse las iniciativas divergentes —procedentes de personas o de grupos que quieren escapar de las lógicas dominantes— de modo que no se vean frenadas por una falta de medios o por el temor a todos los peligros que inevitablemente conllevan. Y hay que hacerlo bajo la égida de la colectividad, que toma la decisión de asignarles fondos públicos para tal fin, inspirándose —en espíritu— en el principio de sustitución, que remite a una máxima política y social, o a un principio de gobernanza, según los cuales si algunos problemas de responsabilidad pública exceden la capacidad de una entidad pequeña para resolverlos, entonces el nivel superior tiene la obligación de apoyarla. Lo que la crisis del COVID nos ha enseñado es que el recurso a la deuda nos permite salir de situaciones graves, que siempre es posible encontrar dinero para causas que se consideran vitales. Esa pretensión, mucho más que mediante el impuesto clásico o el préstamo, debería plasmarse en gravámenes a las transacciones financieras y a los beneficios de las grandes empresas, encabezadas por los gigantes digitales, que han desmantelado a sabiendas muchos sectores, y que de este modo se verían gravados, no para alimentar una renta básica universal, sino para obligarles a contribuir a un proyecto de sociedad que pretende ofrecer a la mayoría de las personas la posibilidad de vivir de forma creativa y satisfactoria. Sería una buena burla y un perfecto contragolpe infligido a quienes, sin ningún escrúpulo, quisieron organizar una gigantesca operación, a escala mundial, para desterrar lo humano.

Lo que ha ocurrido a lo largo de la modernidad —incluso con gobiernos supuestamente progresistas— es que el Estado siempre se ha posicionado del lado de esas lógicas utilitaristas y de las teorías que favorecen el auge del capital. Este aspecto, presente sobre todo en el ordoliberalismo alemán,[17] supuso la creación de marcos y la redacción de leyes dirigidas a apoyar estos procesos, sin haber intentado nunca liberarse de ellos o instaurar dinámicas basadas en otras categorías. En la posguerra, las democracias liberales decidieron crear servicios públicos y preocuparse por ciertas formas de bien común, que se concibieron ante todo como contrapartidas necesarias a un orden económico y a unos poderosos intereses privados que se veía claramente que iban a marcar la pauta. Porque la característica del liberalismo económico, allí donde ha podido prosperar, es haber sabido forjar una *doxa* influyente y apropiarse de un amplio espectro del campo político.

Precisamente por esta razón insistimos en considerar que cualquier acción alternativa solo puede provenir de la base y jamás puede ser respaldada por la colectividad, de la que sin embargo todos formamos parte. Esto se debe a que nos hemos resignado a que el Estado se preste, casi desde siempre y de forma bastante insidiosa, a la lamentable tendencia a situarse en cierto modo al margen de la sociedad. Con el tiempo esto nos ha llevado a encerrarnos en una oposición frontal y estéril, cuyos términos deberíamos haber redefinido y teorizado a efectos no de «monopolizar el poder», según una doctrina de otra época, sino de hacer que los organismos públicos retomen su principal función: *dar la mayor consistencia a los asuntos públicos*. Precisamente por esto debemos realizar un acto que hasta ahora desafiaba nuestros esquemas conceptuales: *institucionalizar lo alternativo*.

17   Sobre la genealogía y el impacto del ordoliberalismo, cf. Patricia Commun, *Les Ordolibéraux. Histoire d'un libéralisme à l'allemande*, París, Les Belles Lettres, 2016.

Y eso supone, en primer lugar y ante todo, fomentar *la creación de una multitud de colectivos*. En la medida en que ese propósito permite, en beneficio de la mayoría, la implementación concreta de iniciativas que deseen apartarse de los esquemas normativos y materializar nuestras aspiraciones más profundas. Estas iniciativas adquieren más consistencia si forman parte de proyectos comunes, porque se benefician de los vínculos de complementariedad, enriquecedores y de apoyo mutuo, y no se enfrentan a la aridez de la soledad, que puede acabar provocando desánimo algún día. Por esta razón, el apoyo y la glorificación de que gozaron en la década de 2010 las *startups*, cuya única ambición es una innovación inútil, cuyo único objetivo es la comercialización y que se jactan con enorme cinismo de tener «efectos disruptivos» en la sociedad, *han de ser sustituidos en esta década de 2020 por ayudas a los colectivos.* Decididos todos ellos a imponer algunos criterios obligados: principio de equidad, respeto al medio ambiente, rechazo de la búsqueda sistemática del mayor beneficio y fomento de la expresión adecuada de las habilidades, en la época del maquinismo total y de los sistemas de inteligencia artificial dedicados a controlar nuestros gestos, e incluso a sustituir a largo plazo toda actividad humana. Está claro que se trata de un proyecto exactamente opuesto.

Esta exigencia de apoyar acciones alternativas basadas en un espíritu de cooperación ya había sido formulada en una época —durante el Segundo Imperio— en que este deseo de instaurar contramodelos beneficiosos se manifestaba con la misma fuerza de hoy:

> Las únicas asociaciones que habrían tenido alguna oportunidad de durar son las constituidas entre amigos, con el deseo de preparar un orden de las cosas mejor y la buena voluntad de ayudarse

mutuamente y rivalizar en sacrificios. Pero incluso así habrían topado con la gran dificultad de operar sin recursos previos, sin materias primas, sin máquinas ni instrumentos, es decir, sin capital. Es como si quisiéramos fundar un nuevo gobierno sin patria y sin suelo. Y es una locura imaginar que a la larga y a fuerza de trabajo podríamos suplirlo. Consumiríamos la vida en ello.[18]

El apoyo a estas iniciativas debería depender de un pliego de condiciones relativamente sencillo, que exija el compromiso de respetar incondicionalmente una lista establecida de criterios y describa las partidas de gastos e ingresos previstos a tres años vista, por ejemplo. Si al final de este período las cuentas están equilibradas o incluso hay beneficios, entonces, de acuerdo con los procedimientos técnicos que se acuerden, se procederá a la devolución sin intereses de las cantidades inicialmente prestadas. En el caso de que la operación resulte deficitaria o insegura, habrá que ver si se propone otro contrato de ayuda, o si la inviabilidad de la iniciativa impone renunciar a ella, aunque solo tras haber evaluado todas las otras opciones e implicando con las mejores intenciones a todas las partes interesadas. De este modo la posibilidad de seguir realizando actividades que interesan no se ve radicalmente cercenada por una organización todavía incipiente o por resultados negativos, ya que todavía cuenta con generosos organismos de apoyo a largo plazo.

Esto ha de ser válido para una variedad ilimitada de campos, incluyendo algunos cuya existencia ignorábamos o que acaban de aparecer. Dado que los tiempos son propicios para iniciarse en empresas ecológicas, sobre todo de permacultura, todas

---

18   *L'Organisation des travailleurs par les corporations nouvelles*, París, Librairie Poulet-Malassis, 1861, p. 12.

esas aspiraciones que implican revitalizar la actividad en los territorios y favorecer el comercio de proximidad deben ser apoyadas y no acabar abandonadas, a menudo por consejo de allegados que advierten de la magnitud de los riesgos. Lo que mayoritariamente han tenido que sufrir las personas, desde la aparición de la civilización industrial, y sobre todo en las últimas décadas, es el hecho de ser un simple engranaje de mecanismos impersonales, de no poder desplegar toda su habilidad como hubieran querido y de no fabricar ellas mismas, o en colaboración con otros, sus propios productos. Nos referimos a la artesanía en las sociedades modernas, que ha sido constantemente marginada y hasta desacreditada. Sin embargo, cuando visitamos a veces algún país extranjero, nos quedamos extasiados ante la destreza y la calidad de ejecución de ciertas obras. Cualquiera que haya estado en Japón, por ejemplo, debe haber tenido la agradable experiencia de descubrir la perfección en muchas creaciones, tanto en el campo de la cerámica como del bambú, de la confección de kimonos, del papel, de la cultura del té, del sake o de la cocina… Y lo mismo ocurre, por supuesto, y según las costumbres, en la mayoría de los países. Cada vez que nos encontramos con tantas técnicas que hemos abandonado, sentimos no solamente admiración sino también un pesar, más o menos manifiesto, por no habernos dedicado a esas actividades que requieren semejante implicación de nuestras facultades y de nuestra sensibilidad.

Es obvio que el desmesurado espacio concedido en el siglo XX a la enseñanza de las matemáticas, que tienen un carácter eminentemente abstracto, dirigido a apoyar el proceso de racionalización y de tecnificación creciente de la sociedad, ha contribuido al declive de esos usos y a alejarnos de ellos. En este sentido William Morris, en el momento del auge de la

Revolución industrial, invitaba a no renunciar a la artesanía, entendida como un necesario escudo de protección contra la degradante mecanización de los gestos y la producción a gran escala interesada únicamente en los beneficios. Lo que en su opinión caracteriza plenamente al artesano es que domina todo el proceso de producción, «podía decirse del objeto que creaba que era su obra»,[19] o que es realizado en comunidad con sus compañeros, y sentir así un discreto y estimulante orgullo. Por esta razón, toda una tradición libertaria consideró los pequeños talleres, que reivindicaban formas de autonomía y en cuyo seno se desarrollaban oficios que requerían mucha destreza, como contrapesos beneficiosos a la generalización de una industrialización deshumanizadora. En especial Kropotkin, que hizo de los gremios y de las ciudades medievales perfectos contraejemplos, porque habían convertido en principios morales fundamentales la buena práctica de habilidades, la preocupación por protegerlas y por imponer reglas justas en los intercambios. En su opinión, no era casual que la Ilustración considerara la Edad Media como un período oscurantista, antes de darle un sentido peyorativo, aunque fue la Ilustración la que comenzó con ese movimiento continuo y generalizado de división del trabajo, que durante dos siglos y hasta hoy ha tenido consecuencias devastadoras para los cuerpos, las mentes, la sociedad y el medio ambiente.

El artesanado se caracteriza porque raramente se ejerce en soledad, sino que invita a crear una especie de hermandades, constituidas por habilidades diversas dispuestas a trabajar juntas por unos objetivos compartidos. En este sentido hay que interpretar hoy el término «artesanado», como un sinfín de actividades realizadas por lo general en común y que abarcan un espectro muy amplio: agricultura y ganadería, gastronomía,

---

19   William Morris, *Comment nous pourrions vivre, op. cit.*, p. 62.

diseño, moda, arquitectura… Lo que las une es que pretenden desarrollarse en un ambiente de camaradería y fomentar la mejor expresión y creatividad de las personas implicadas. Si imaginamos una sociedad que apueste decididamente por este tipo de iniciativas, entonces la dimensión utilitarista, las sensaciones de desigualdad y de aislamiento serían rechazadas poco a poco, y el pleno desarrollo de las personas, la igualdad en las relaciones y el respeto absoluto al medio ambiente serían las reglas fundamentales de nuestra vida común. ¿Acaso no es esta la más noble política práctica, lejos de la retórica vacía y dispuesta a dar una respuesta tanto a los males de la época como a nuestras aspiraciones más apremiantes y, sin embargo, más reprimidas? Cornelius Castoriadis hizo de la autoinstitución de la sociedad su principal proyecto, pero de manera abstracta, sin un verdadero anclaje, mientras que aquí presentamos ese objetivo plasmado de forma eminentemente concreta y plural, y garantizado por toda la colectividad.

Debemos pensar también en el campo del arte, que desde el advenimiento del posmodernismo, en la década de 1980, ha vivido un acelerado proceso de mercantilización sin precedentes, y en el que se ha constituido todo un sistema supuestamente iconoclasta, pero que no es más que una simple réplica —y en una escala muy superior— de todos los patrones ultraliberales. Ha aparecido el artista neoliberal, supuestamente crítico de las normas y deseoso a la vez de convertirse en una gigantesca máquina de hacer dinero, cuyo principal modelo ha sido Jeff Koons, que produce en cadena sus piezas neokitsch, llenas de cinismo y que son objeto de adoración en todo el mundo. Por parte de una determinada prensa especializada, cómplice de esa lamentable perversión, de los comisarios de exposiciones, por supuesto de los grandes coleccionistas, la mayoría procedentes del mundo del «gran capital», acogidos reverencialmente por multitud de galeristas y de artistas como los nuevos dueños del mundo, en las ferias y bienales que proliferaron por doquier a mediados de la década de 1990. Toda una *jet set* que ha tenido la indecencia de creerse al margen, cuando estaba a la vanguardia del capitalismo más desenfrenado y obsceno.

Y durante este tiempo, multitud de estudiantes de escuelas de arte y de artistas más o menos jóvenes, que en su mayoría se consideraban «subversivos», tenían como horizonte supremo desarrollar la misma carrera de tarifas desorbitadas que sus ídolos, y para ello estaban dispuestos a todos los compromisos y a los mimetismos más conformistas. Se ha producido una inmensa deriva, a escala mundial, que ha arrastrado a muchos individuos que en principio aspiraban a mostrar su talento y han acabado aceptando la corrupción, sometiéndose a las duras leyes del mercado y a las crueles variaciones de humor de las modas. Por eso debería fomentarse especialmente la constitución, que ya está en marcha desde hace unos años, de colectivos de artistas y de redes de colectivos, dispuestos a abandonar estos hábitos, a enriquecerse con el trato mutuo, a exponer en sus propios lugares y a invitarse alternativamente. Porque son capaces de conectar las actividades con esas ganas de experimentar y de llevar una vida libre que, desde la modernidad, los ha caracterizado, así como de devolver su pleno lugar en la sociedad a un arte que no esté hecho de un montón de objetos aislados destinados a alimentar todo un sistema de intermediarios sin escrúpulos, sino que responda a lo que siempre habría debido ser: *una experiencia compartida de lo sensible*, capaz de excitar la imaginación y la actividad de nuestro espíritu.

Para producir efectos significativos en todos los niveles de la sociedad, esta institucionalización de la alternativa ha de realizarse paralelamente *en el seno de las propias instituciones* en las que se basa buena parte de nuestra vida cotidiana, y que desde hace medio siglo han estado dominadas por exigencias prioritariamente contables, hasta el punto de que casi han olvidado hoy su propósito original. Por esa razón deberían apoyarse de forma decidida todas las iniciativas surgidas de grupos que pretenden responder, a su manera y en su ámbito, a la misión de algunas de ellas, aunque confiando en que se dediquen a usos más deseables y armoniosos. En primera fila se encuentran las que pretenden introducir otro tipo de actividades en la educación, en línea con algunos notables intentos del pasado. Nos referimos en primer lugar a la Ruche, fundada en 1904 en Rambouillet por Sébastien Faure, una escuela libertaria y espacio de vida comunitario que defendía el principio de desarrollo de las capacidades intelectuales, físicas y morales de los alumnos, y de su autonomía, animándolos a implicarse plenamente en el proceso de aprendizaje, bajo el lema: «El que busca, se esfuerza». También nos referimos a muchas otras aventuras, como las escuelas Montessori, Bonaventure, o las más controvertidas Steiner-Waldorf, que comparten el mismo espíritu y rechazan el dogma de la adquisición sistemática, acumulada y uniforme de conocimientos. Muchos ejes pedagógicos, alimentados con el tiempo por la experiencia, corpus teóricos que después, bajo formas diversas y poco a poco, se fueron extendiendo hasta ser incluidos en parte, a veces casi un siglo más tarde, en los planes de estudio oficiales. Experimentaciones, voluntariamente marginales, que acabaron produciendo efectos, aunque con retraso, en las propias maquinarias institucionales.

Ivan Illich abogaba por una crítica general de las instituciones, especialmente de la escuela, que, en su opinión, se había desviado de su objetivo porque solo inculcaba valores dirigidos a consolidar la perpetuación de un modelo: «Mientras no nos percatemos del ritual a través del cual la escuela moldea al consumidor progresivo, no podemos romper el conjuro de esta economía y dar forma a una nueva».[20] Teniendo en cuenta la actual crisis tan aguda de la educación, es un deber apoyar proyectos alternativos mediante la adjudicación de fondos específicos, la asignación de profesores, si lo desean, y la cesión de locales por parte de las administraciones locales. Siguiendo esta misma línea, debemos dar un nuevo impulso a las universidades populares, que se crearon en Francia en 1899 y se multiplicaron en mayor o menor medida durante más de medio siglo hasta entrar en decadencia a finales de 1970. Actualmente son muy escasas, pero representan un muy loable y generoso proyecto de compartición del conocimiento puesto a disposición de todos.

Este espíritu, gracias a la implicación de colectivos, debería también estar presente en los sectores del cuidado, de una determinada práctica de la medicina, de la ayuda a las personas dependientes, de la cirugía dental, con gran tendencia a la mercantilización,[21] y de la psiquiatría, tan en precario hoy. Pero también en el ámbito de la justicia local, simplificada, que, gracias al esfuerzo de distintos cuerpos de juristas, intenta llegar a acuerdos, actuar como instancia mediadora —a semejanza de determinados usos del derecho consuetudinario— más que imponer penas. También se incluye el mundo carcelario, de cuya influencia degradante no se consigue escapar nunca,[22]

---

20   Ivan Illich, *La sociedad desescolarizada* [1971], trad. de Gerardo Espinosa, México, Posada, 1978, p. 100.
21   A propósito de la mercantilización a ultranza de la cirugía dental, cf. Olivier Cyran, *Sur les dents. Ce qu'elles disent de nous et de la guerre sociale*, París, La Découverte, 2021.
22   Sobre esta cuestión, cf. Corinne Rostaing, *Une institution dégradante, la prison*, París, Gallimard, 2021.

que padece un hacinamiento endémico, da lugar a constantes reincidencias y más que nunca debería prestarse a experiencias alternativas. En el caso de delitos menores, los colectivos formados por distintas instancias podrían orientar a los individuos hacia trabajos en los que descubrieran aptitudes hasta entonces insospechadas, ya que prácticamente toda su vida se han visto atrapados por la necesidad. También el valor de las reglas en la sociedad y el sentido de los límites deberían ser objeto de discusión y de reflexiones compartidas, generando así una dinámica susceptible tanto de dar un sentido a la pena como de abrir nuevas perspectivas de futuro. Como el Grupo de información sobre las prisiones (GIP), creado en 1971 e impulsado por magistrados, abogados, médicos, psicólogos y periodistas —en el que habían participado, entre otros, Michel Foucault, Gilles Deleuze, Pierre Vidal-Naquet—, que se había fijado concretamente como objetivo dar el uso de la palabra a los presos y permitir la entrada en la cárcel de la prensa, hasta entonces prohibida; sin embargo, estas intervenciones no produjeron a largo plazo los efectos esperados.[23]

¿Se ve el espíritu completamente diferente que puede crearse gracias al apoyo activo y constante a ese montón de contrainiciativas valientes? Sin embargo, cuando se trata de reglas y del sentido de los límites, sabemos que en cualquier grupo, sea grande o pequeño, las mejores intenciones nunca son suficientes. Para que los movimientos valiosos puedan desarrollarse felizmente, nadie resulte herido y el medio ambiente no acabe contaminado, es absolutamente preciso definir unos principios

---

23   Sobre esta historia, cf. Philippe Artières, Laurent Quéro y Michelle Zancarini-Fournel, *Le Groupe d'information sur les prisons- Archives d'une lutte 1970-1972*, IMEC, 2004.

para que se establezca un acuerdo sobre lo esencial, y que sobre la base de este acuerdo las contribuciones y cualidades de cada uno, en el seno de proyectos realmente comunes, adquieran su verdadera dimensión. Llamémoslas, utilizando una expresión muy grata a Illich, las *reglas fundamentales de la convivencia.*

3. LAS REGLAS FUNDAMENTALES DE LA CONVIVENCIA

Entre mediados de los siglos XVI y XVII, cuando una persona se ponía enferma, y sobre todo cuando su estado empeoraba, se recurría sistemáticamente a un remedio, considerado universal o casi una panacea: la sangría. Era una operación que consistía en sacar sangre una o varias veces con una lanceta, y se daba por hecho que el enfermo pronto se curaría. Nadie lo ponía en duda, hasta el punto de que Guy Patin, decano de la facultad de medicina de París, había afirmado con todo su conocimiento que «no hay remedio alguno en el mundo que haga tantos milagros».[24] Sin embargo, la mayoría de las veces no surtía ningún efecto, o el estado del enfermo empeoraba, ya que la solución era demasiado sistemática y no abordaba la causa principal de la patología. Por eso Molière, en *El enfermo imaginario* (1673), con su saludable sentido crítico y su mordaz ironía, se burla de los médicos Diafoirus padre e hijo, que no preveían ningún otro remedio. En realidad, más allá de esta práctica histórica, es probable que cada época haya tenido su sangría, que después ha adoptado otras formas más simbólicas, y cuando un mal nos ataca y corroe la sociedad,

---

24   «Lettre de Guy Patin à Charles Spon, 16 avril 1645», en *Correspondance complète et autres écrits de Guy Patin*, París, Bibliothèque interuniversitaire de santé, 2018.

tendemos lamentablemente a buscar un antídoto providencial y también único.

Tras el giro neoliberal y todas las derivas a las que condujo durante varios decenios, hacia finales de los años 2000 surgió la idea de un gran antídoto, que hacía un llamamiento a iniciar un potente movimiento inverso. Ante la hegemonía del mercado y la creciente privatización de muchos sectores, había que recuperar terreno, rechazar las fuerzas del capital y obligarlas, como en el rugby, a retirarse progresivamente hacia sus líneas, para reconquistar lo que se nos debía: la dimensión pública, y no mercantil, de componentes vitales de la sociedad. Este imperativo se llamaba defensa del *bien común*. Muy pronto ese principio —cuya conveniencia ponía ya de manifiesto su propio nombre— se convirtió en el arma decisiva para combatir el capitalismo. Las multitudes empezaron a enarbolar su estandarte; era una causa que nos afectaba a todos, ya que su negación había generado muchos males y, por tanto, era nuestro deber trabajar en su aplicación de manera inmediata y universal.

Cuántos libros, artículos y encuentros se le dedicaron. Se había convertido en una de las obsesiones de la época. El origen de los «bienes comunales» se remonta al uso de los prados y bosques por parte de los campesinos hasta finales de la Edad Media, con unas condiciones que pretendían ser justas. Esos acuerdos fueron prohibidos progresivamente mediante la instauración de la regla de los «cercamientos», que sustituyó el libre derecho de uso por el de propiedad privada, que se impuso en el siglo XVII, primero en Inglaterra y pronto en casi todo el continente europeo. A más de tres siglos de distancia, y dado que estos procesos de acaparamiento se extendieron masivamente a lo largo de la modernidad, y más aún en las últimas décadas, había costumbres que debían considerarse saludables contraejemplos históricos, casi como un estado de ánimo virtuoso original, que había que recuperar más que nunca. La economista Elinor Ostrom, que recibió el premio del Banco de Suecia en 2009 por sus trabajos dedicados a estas cuestiones, se ha referido a menudo al caso concreto de los pescadores de la región de Alanya, en Turquía, que se organizaron de tal modo que su actividad no supusiera un perjuicio mutuo. Se apartaron de las lógicas industriales de depredación, que provocaron, por ejemplo, la práctica desaparición de los esturiones del mar Caspio, y de la fría regulación estadística que, desde la cúspide del Estado, impone cuotas que muchos tienden a no respetar, porque no han participado directamente en la toma de decisiones. En cambio, una gobernanza en común, que rechaza cualquier tipo de sobreexplotación de los fondos marinos y defiende un buen reparto del acceso a sus recursos, crea la necesidad de que todos los actores se impliquen en estas cuestiones y se impongan hábitos leales y duraderos.[25]

Muchas experiencias se basan hoy en día en este principio, sobre todo en las ciudades, bajo la denominación de «bienes comunes urbanos», que adoptan la forma de huertos compartidos, terceros espacios, procesos de vivienda participativa, gestión colectiva del agua o de la energía, y parten de enfoques solidarios y ecológicos.

«Un bien común no tiene nada que ver con un koljós», advierte la filósofa Joëlle Zask, para quien «el valor democrático de un bien cogestionado depende de la libertad de acción que deja a cada individuo en el marco del colectivo». De modo que los miembros

25   Cf. Elinor Ostrom, *El Gobierno de los bienes comunes: la evolución de las instituciones de acción colectiva*, México, Fondo de Cultura Económica, 2011.

de un huerto compartido disponen cada uno de una parcela que pueden cultivar como les parezca, pero deben ponerse de acuerdo para gestionar y compartir el material, el agua o el abono. «Se construye así una comunidad de individuos que se reconocen iguales y desarrollan una conciencia colectiva», asegura.[26]

Y este es justamente el meollo del problema, pues si constituirse en «comunidad de individuos» supone ante todo priorizar el valor de uso sobre el de intercambio —aunque, eso sí, muy lejos del marco extremo del koljós— para que cada uno se ocupe de sus propios asuntos respetando la parte correspondiente a los demás, entonces guarda relación con el espíritu mismo del individualismo democrático, pero en versión refinada, «verdoso socializadora», podríamos decir. Esta se empeña en no entender gran cosa de los males de la época ni de las profundas transformaciones que hay que llevar a cabo y cree que cultivando codo con codo nuestra parcelita de patatas y organizando de vez en cuando grandes picnics rodeados de una multitud de niños alborozados tendremos finalmente un mundo más feliz.

Se trata de una perspectiva que, entre muchos ejemplos de la misma índole, lleva al economista Benjamin Coriat a ver en la «extraordinaria vitalidad de los bienes comunes urbanos el origen del renacimiento de un nuevo municipalismo, que alimenta a su vez la renovación de la ciudadanía».[27] Uno se queda estupefacto ante visiones tan miopes, perfectamente concordantes con esta vulgata hecha hoy en día con todas las buenas y muy ingenuas intenciones del mundo. Hasta el punto de que un economista como Jean Tirole —también

26   Claire Legros, «Les "communs urbains", graines de démocratie locale», *Le Monde*, 1 de agosto de 2020.
27   *Id.*, «Histoire d'une notion: les communs, renouveau de la démocratie locale», *Le Monde*, 11 de marzo de 2020.

premiado por el Banco de Suecia—, que hasta hace poco había defendido ardorosamente el movimiento de privatización y el auge de las finanzas (aunque con la sugerencia de introducir una pizca de «regulación», no vayan a creerse), ante la constatación generalizada de todos los excesos cometidos, también se ha dejado seducir por los encantos de ese dogma, que empieza a parecer un cajón de sastre ideológico.[28] Por supuesto hay que preservar los «bienes comunes» y darles un nuevo impulso, pero de ningún modo han de ser considerados como la sangría altamente reparadora de nuestros tiempos. ¿Sería esta la lucha contra las derivas del capitalismo? ¿Una simple cuestión de derecho de uso extendido a un número más o menos amplio de dominios, mientras quedarían ocultos los sufrimientos padecidos en todas partes y las ganas de libertad y de creatividad tan ardientes? Ahora bien, el capitalismo no solo nos ha desposeído de nuestro bien común, sino también e incluso más —debido al proceso de atomización de la sociedad que ha producido— de la posibilidad de construir, en todas partes y en común, formas de vida satisfactorias y virtuosas.

Y lo que probablemente necesitamos más que nunca y por encima de todo es esto: trabajar en el desarrollo de modalidades a las que aspiramos, que se tornan factibles gracias a la conjunción deliberada de fuerzas, con objeto de realizar proyectos también comunes que den así el máximo poder, y hasta brillantez, al principio de *comunidad*. No en el sentido de pertenencia étnica o religiosa, ni tampoco en el sentido de experiencias históricas bastante autárquicas, a veces dudosas y envueltas en sustancias ilícitas, casi todas fallidas, sino en

---

28   Cf. Jean Tirole, *La economía del bien común*, trad. de María Cordón Vergara, Barcelona, Taurus, 2017.

el de *comunidad de valores y de deseos*. Y esto contrasta con el
«bien común», basado en la primacía del uso compartido, o de
la comunidad apartada que, pese a la libertad anunciada, a menudo conduce a una uniformidad de comportamientos. Porque
lo colectivo supone la implicación en un mismo movimiento
de una pluralidad de seres y de competencias, y la creación de
vínculos fructíferos de cooperación inducidos por un mismo
horizonte de esperanza. Esta comunidad, hecha de personas
que ni siquiera están obligadas a vivir «en comunidad», pero que
desean participar juntas en formas de vida más ricas, y sin cuyo
apoyo nada de todo esto habría sido posible.

Decía Diderot que lo que empuja a la persona a respetar sus
obligaciones con los demás y con la sociedad es la sensación
de formar parte de la misma especie humana, cosa que genera
un sentimiento de pertenencia que contribuye a constituir-
nos en un cuerpo político. La característica de lo colectivo
es que precisamente tiene que ver, retomando las reflexiones
de Diderot, con ese sentimiento de pertenencia a una misma
comunidad de almas, por así decir. Y eso por tres razones. En
primer lugar, una adhesión a unos principios más allá de las
opiniones personales, que no solo representan la base indispensable para el establecimiento de relaciones equitativas, sino
que además crean un vínculo de afinidad dependiente de una
forma de continuidad entre las conciencias, similar a un cordón
umbilical invisible pero muy sensible que une a las personas,
de forma casi espiritual y a pesar de todas las diferencias. En
segundo lugar, el hecho de formar parte conjuntamente de
una misma *obra*, en el sentido de Hannah Arendt, en que cada
uno se esfuerza por dar lo mejor de sí mismo, en un juego
de relaciones formado por continuas complementariedades
e interdependencias, que operan como en un único cuerpo

3. Las reglas fundamentales de la convivencia

compuesto de órganos distintos pero solidarios. En tercer lugar, una consideración unánime a exigencias que presuponen que, más allá del marco construido y del trabajo realizado, existe un orden superior al de lo colectivo y de sus miembros del que uno siente visceralmente que forma parte y a cuyo equilibrio pretende contribuir en la medida de sus posibilidades.

Para que todo este *ethos* pueda desplegarse plenamente, se necesitan reglas comunes de gobernanza, ya que sabemos, hoy más que nunca, que ninguna sociedad puede funcionar sin un registro de preceptos y de prescripciones. En este caso, deberíamos decir sin un código moral, puesto que los protocolos definidos no solo tienen una función reguladora, casi preventiva, sino que decidimos involucrarnos en esos proyectos ante todo para responder a esos valores. En este sentido, impulsan en primer lugar las relaciones entre personas, con objeto de instituir lo que podríamos llamar una «buena ecología de las relaciones» basadas en el primer compromiso: la equidad, es decir, el hecho de que de ningún modo se debe perjudicar a nadie. Al contrario del mecanismo de la plusvalía, inducido por lo general por el «contrato de asalariado de subordinación», que está establecido en el Código del trabajo. Esta ecología de las relaciones también está fundamentada en el respeto a la singularidad de cada uno, de sus propias competencias y capacidades, que generan *de facto* un reconocimiento interindividual. Siguiendo directamente la dialéctica del «Yo y tú» de Martin Buber, pensador eminente del principio de comunidad, que supone no reducir al otro a una función instrumental y favorecer los vínculos de pura reciprocidad.

He aquí un conjunto a la vez común y plural, de modo que en el colectivo, a diferencia de la práctica común que asigna a cada persona una tarea estrictamente determinada, es la libremente deseada la que se pretende llevar a cabo, gracias a un libre acuerdo. Ese espíritu hace que se favorezca un diálogo que no exige estar debatiendo eternamente, sino que está destinado más bien a rectificar sobre la marcha ciertas disposiciones. Pues si todo el mundo está en el lugar deseado, las intervenciones solo buscan posibles mejoras sin la intención degradante y a la larga tan desgastadora de la reivindicación. El resultado de todo ese código moral es la celebración de la inventiva, la experimentación y el placer que se siente en los procesos, que hace que la libertad de todos y la realización de bellas obras comunes sean indisociables, según una conformación que es reflejo de las palabras de John Dewey: «La libertad es la firme liberación y el cumplimiento de aquellas potencialidades personales que solo tienen lugar en una asociación rica y múltiple con los demás».[29]

Si muchos de los males que hemos padecido se deben a que no hemos hecho de esos axiomas el fundamento de nuestra biblia social, también se deben, en consecuencia, a un dato cuyo impacto hemos captado tardíamente: *la gran escala*. A lo largo de su evolución, la modernidad se caracteriza por haber buscado siempre la expansión, el crecimiento, hasta llegar, sobre todo con la reciente globalización, a convertir la desmesura en la nueva norma. Ya en la Antigüedad Aristóteles sostenía que había que limitar el tamaño de la ciudad para «que se adapte a las facultades de los ciudadanos».[30] De lo contrario, prevalecen las estructuras jerárquicas, las formas de autoritarismo y la homogeneización, que forzosamente provocan el desinterés de

29   John Dewey, *La opinión pública y sus problemas* [1927], trad. de Ramón del Castillo, Madrid, Morata, 2004, p. 139.
30   Aristóteles, *Política*, VII.

las personas y, a la larga, rencores y deseo de enfrentamiento. Por eso, desde la denuncia griega de la *hybris* hasta nuestros días, se ha manifestado repetidamente la conciencia de que toda desmesura produce inevitablemente desequilibrios y, en consecuencia, conlleva una dimensión tóxica. A este respecto, después de la guerra Leopold Kohr vio en la pasión moderna por el gigantismo uno de los motores, demasiado oculto, de la mayoría de los desajustes: «Parece que hay una sola causa detrás de toda forma de miseria social: el TAMAÑO EXCESIVO. [...] Dondequiera que algo va mal, es que hay algo demasiado GRANDE. Eso significa que, si una sociedad crece más allá de su tamaño óptimo, sus problemas acabarán superando el crecimiento de las facultades humanas para tratarlos».[31]

Más tarde, cuando esta dinámica se fue intensificando, por ejemplo con el caso del Boeing 747, el «super jumbo», que se comercializó en 1970 y contribuyó al auge repentino de los desplazamientos intercontinentales de masas, Ivan Illich realizó a contracorriente una reflexión acerca de la escala, que planteaba la cuestión decisiva del umbral, a saber, que en cuanto se cruza o se sobrepasa cierta medida, se producen inevitablemente perturbaciones que tienen repercusiones sociales y medioambientales: «El equilibrio de la vida se desarrolla en varias dimensiones; frágil y complejo, no sobrepasa ciertos límites. Hay algunos umbrales que no deben cruzarse». Por aquella misma época Ernst Friedrich Schumacher desarrolló ideas similares en un libro publicado en 1973, cuyo título ya es muy elocuente, *Small is beautiful* (*Lo pequeño es hermoso*).[32] Lo que caracteriza a los colectivos es su tamaño reducido (ningún

31   Leopold Kohr, *L'Effondrement des puissances* [1975], París, R&N, 2018, p. 156 (trad. cast.: *El colapso de las naciones*, Barcelona, Virus, 2018).
32   Ernst Friedrich Schumacher, *Lo pequeño es hermoso* [1973], trad. de Óscar Margenet, Madrid, Hermann Blume, 1990.

grupo numeroso es un colectivo, sino en este caso una organización, federación, etc.), y precisamente esta pequeña escala, a menudo reivindicada como tal, es la que protege contra ciertas derivas y relaciones de sometimiento.

Por esto recordaremos una y otra vez las palabras pronunciadas por un ebanista austríaco en la película, de título también muy elocuente, *Ningún hombre es una isla* (*Nul homme n'est une île*, de Dominique Marchais, 2017). El protagonista explica que en su taller, en el que desde su apertura los artesanos realizaban un trabajo de gran calidad, cosa que provocó una gran demanda de encargos y su ampliación, decidieron de común acuerdo no seguir creciendo y mantenerse con una plantilla relativamente reducida —de diez personas—, comprometiéndose a no superar ese número, aunque podrían haber ganado mucho más dinero. Es probable que el número diez no esté tomado como una regla absoluta, sino como una marca simbólica, en cierto modo como una referencia a los dedos de las manos que permiten un control perfecto, y a los que cualquier excrecencia podría provocar una pérdida de destreza así como lo que de este modo son capaces de crear. Por esta razón, podemos afirmar que cualquier empresa que mantenga deliberadamente un tamaño pequeño tiene *de facto* un *poder decreciente*. Las cuestiones ambientales dependen sin duda en parte de las prácticas de consumo, pero mucho menos que de los modos de producción. Por esto institucionalizar la proliferación de colectivos con objetivos virtuosos tiene una importancia ecológica capital.

Por ello el papel de las técnicas es decisivo, ya que lo que las caracteriza mayoritariamente desde la Revolución industrial es que fueron concebidas para satisfacer objetivos de lucro y la voluntad de poder. Podemos seguir el hilo principal de esta historia en tres grandes secuencias sucesivas que no se excluyen

entre sí. En primer lugar, el desarrollo de procesos mecaniza-
dos dirigidos a conseguir la máxima productividad. Después,
a mediados del siglo XX, el auge de la informatización, que
permitió la gestión automatizada de una enorme cantidad de
informaciones y, por tanto, una mayor racionalización y control
organizativo en distintos ámbitos. Finalmente, a comienzos de
los años 2000, entramos en la era del intercambio de flujo
de datos de todo tipo a escala mundial, seguido muy pronto del
acompañamiento algorítmico de nuestras vidas, con objetivos
fundamentalmente comerciales, hasta tender ahora a una gestión automatizada integral de nuestra actividad, proporcionada
por sistemas de inteligencia artificial. Es decir, una línea muy
larga que, desde sus comienzos hasta hoy, ha contribuido a dibujar nuestro paisaje actual, que ahora es denunciado de forma
masiva porque en él domina el utilitarismo generalizado, que ha
dado lugar al comercio excesivo, la especialización del trabajo,
la intercambiabilidad de las personas, la ingeniería social, el
extractivismo sin límites y la devastación del medio ambiente.
Se entiende que la proliferación de colectivos —especialmente
los que están basados en trabajos artesanales— decididos a
mantener con la técnica unas relaciones completamente diferentes conduce inevitablemente a un desmantelamiento, desde
la base, de todo ese mecanismo que ha acabado creando una
sociedad despersonalizada, atomizada e infestada.

Y así, en las antípodas de ese proceso técnico-económico
implacable, se iniciaría una *acción de reconquista*, que pretende
enlazar con la vocación inicial de la técnica que nunca deberíamos haber abandonado: *permitir realizar mejor algunos trabajos
sin reducir nuestras facultades o descalificar habilidades valiosas*. Lla-
memos a esto devolverle su estricta dimensión instrumental.
Este objetivo implica también romper decididamente con una
dinámica que en los últimos quince años se ha ido expandiendo

y que en realidad deriva de una mentalidad tomada en préstamo de la psiquiatría, en la que los sistemas nos transmiten instrucciones con distintas finalidades, de modo que estamos limitados a responder mecánicamente a intereses y objetivos que nos superan y nos desposeen constantemente de nosotros mismos. Tal ambición exige adoptar una doble postura. En primer lugar, construir nuestra propia caja de herramientas, realizando una selección necesaria siguiendo el criterio de la mejor expresión de nuestras facultades, y rechazando por tanto la adquisición de «innovaciones», porque consideramos que la función que realizan contradice nuestro código de conducta. Después, dedicarnos a elaborar herramientas, no solo capaces de ofrecer nuevas habilidades, sino que además den testimonio de cierto sentido del contexto (favoreciendo el uso de materiales naturales, o cultivados según un registro de principios similar), portador de valores, de una moral, podríamos decir. ¿No creen que después de más de dos siglos de sometimiento de nuestros cuerpos y mentes a distintas formas de instrumentalización por medio de procedimientos técnicos, y más aún desde la instauración del capitalismo más desenfrenado, el tecnoliberalismo, ha llegado el momento perfecto de aventurarnos por esos caminos eminentemente virtuosos y revitalizadores?

Toda esta mentalidad, a través de su sentido del límite, su preocupación por la equidad y el respeto a la biosfera, colabora activamente en un reequilibrio de muchas dimensiones destruidas. Se trata de un gesto de arraigo, como el que elogia Simone Weil, quien, en su libro *Echar raíces*, insiste en la necesidad que sienten los humanos «de pertenecer a un medio y a una colectividad».[33] Estas prácticas están totalmente arraigadas por-

---

33 Simone Weil, *L'Enracinement* [1949], París, Gallimard, 1990, pp. 80-81

que están vinculadas a nuestras aspiraciones más profundas, a los demás y al medio ambiente. Así que nos sentimos con fuerzas para aportar nuestro granito de arena, sin temor y con alegría, sintiéndonos protagonistas plenos de nuestra vida y participando a nuestro modo en la buena armonía de todos los demás, sea cual sea su naturaleza. En un paisaje que parece una bella utopía, pero que en realidad solo depende de una serie de decisiones, claramente identificadas y muy concretas, que han de ser implementadas.

(trad. cast.: *Echar raíces*, trad. de Juan Ramón Capella Hernández, Madrid, Trotta, 1996).

CONCLUSIÓN
«DE LA AMISTAD
COMO FORMA DE VIDA»

Fue a la vez una sorpresa y una disimulada confirmación. De la noche a la mañana nos vimos obligados a vivir distanciados de los demás. De nuestros colegas, de nuestra familia y amigos, de nuestros vecinos de siempre y, en el caso de los más jóvenes, de sus compañeros de clase o de universidad, así como de sus profesores. El respeto a la «distancia social» se impuso como primera norma de conducta capaz de frenar la propagación exponencial de ese coronavirus que, sin previo aviso, había venido a trastornar nuestras vidas. Esta repentina e inédita experiencia sistemática de la separación física nos desorientó. Sin embargo, de manera casi imperceptible y en lo más profundo, experimentamos una perturbadora sensación de familiaridad al constatar que este estallido no hacía más que plasmar una forma ya habitual de vida en aislamiento, incluso estando con nuestros semejantes. Hasta el punto de que esa conmoción mundial podía, por una ironía de la historia, ser considerada no tanto el resultado inevitable de nuestros muchos errores, según se afirmaba constantemente en la época, como la cristalización elocuente de nuestra condición universal actual. La pandemia y los consiguientes confinamientos en cierto modo congelaron la imagen de un rasgo importante de nuestro tiempo, que finalmente se había vuelto casi transparente.

Lo paradójico de esta situación es que para muchos supuso, en cambio, la intensificación o recuperación de la proximidad con los suyos en el hogar, dada la mayor disponibilidad para ayudar a los niños en sus tareas escolares o para conversar y realizar diversas actividades en familia, menos sometidas al ritmo habitualmente impuesto. También produjo en algunos casos el agradable efecto de poder dedicarse, pese a la obligaciones y tareas que seguían haciéndose a través del teletrabajo, a actividades para cuyo buen desarrollo realmente nunca se disponía de tiempo: lectura, trabajos artísticos, escritura, bricolaje, jardinería…, y esta dedicación libre y prolongada proporcionaba un placer hasta entonces desconocido. Era como un sentimiento de ligereza despreocupada, que la mayoría había perdido casi desde la infancia y que la invadía de nuevo. Porque, en el fondo, este potente *zoom* sobre nuestras vidas habitualmente compartimentadas no afectaba solo a fenómenos de separación entre las subjetividades, sino también a la separación vivida subjetivamente respecto a otras dimensiones.

Lo que estábamos experimentando desde hacía mucho tiempo, y que este hecho puso en evidencia, no era solo nuestro estado de aislamiento colectivo, sino también una escisión que se produjo con muchas de nuestras facultades, casi con el hogar primordial de cada uno de nosotros, que prácticamente se había visto reducido al silencio y que ese contexto, inesperadamente y aunque por un breve período de tiempo, permitió florecer. Pues la modernidad, y más aún el *ethos* neoliberal, no solamente han contribuido a generalizar un individualismo exacerbado y formas de distanciamiento entre las personas, sino también respecto de nosotros mismos, generando así la impresión de no pertenecernos del todo, de no estar plenamente presentes en el mundo y de no poder participar en él a nuestro modo. Los estrechos lazos mantenidos, tanto con los demás como con nuestro propio ser, y todo lo que son capaces de crear han sido progresivamente desterrados de nuestras vidas. Y la causa principal es un factor decisivo: la *primacía de la abstracción*, resultado de un proceso de racionalización que pretende que en las empresas, grupos y organizaciones de gran tamaño se definan marcos, programas y obligaciones para asegurar su viabilidad y, casi siempre, su desarrollo.

De modo que son las ideas y las convenciones, a veces los puntos de vista, las que han prevalecido, organizando nuestro comportamiento social hasta impregnar nuestras mentes, alejándonos de la realidad, atrofiando en cierto modo algunos canales de nuestra sensibilidad así como el espectro de nuestra experiencia, según una ecuación que recoge directamente esta reflexión de Walter Benjamin pronunciada en el momento de la aparición masiva de este *ethos:* «La experiencia ha sufrido una caída de valor».[1] Un paisaje despersonalizado y cada vez más glacial que se ha ido extendiendo, emblemático, por las torres de hormigón y de cristal que salpican los impersonales distritos financieros de las grandes metrópolis del mundo, o por esa multitud de rostros absortos en sus pantallas, que son ahora su principal y perpetuo horizonte. Lo que caracteriza ese entorno es que es válido para todos, ya que no ha sido impuesto por unos pocos a la mayoría, sino que constituye más bien una forma generalizada y casi insuperable de pensar y de ser. Ese *Zeitgeist*, este espíritu dominante de nuestro tiempo, ha tenido sin duda consecuencias diferentes según las categorías sociales y las actividades ejercidas por cada uno, pero al final ha sido interiorizado por todos nosotros.

1   Walter Benjamin, *Expérience et pauvreté* [1933], París, Payot & Rivages, 2011, p. 22.

Esta tendencia dominante a una forma de idealismo aparece especialmente en los programas de los partidos políticos y de los candidatos, que se limitan a formular grandes líneas, abusando de concepciones especulativas alejadas de las situaciones concretas y de las experiencias vividas y, por tanto, en gran medida fuera de la realidad. Desde esta perspectiva se entiende que toda política institucional, entendida como cierta forma de organizar la vida en un conjunto nacional, no solo ha de enfrentarse a límites sino también a fracasos, dadas las ambiciones desmesuradas mostradas inicialmente, que sobrepasan sus prerrogativas reales y no hacen más que generar una desilusión tras otra. Por tanto, ya es hora de ratificar que esta política solo ha de considerarse una administración pública y general de las cosas. Y nada más. De ahí la constatación indefinidamente reiterada de una política, pálida y limitada, de «la generalidad», según palabras de Jean-Jacques Rousseau, que desde hace tres décadas se llama «social-liberalismo» y que está a punto de recibir el nombre de «social-ecologismo».

Ese estado de ánimo desustanciado, literalmente desvitalizado, cuya influencia debilitadora hemos ocultado, así como los corsés de todo tipo que ha impuesto, ha contribuido a este distanciamiento social que existe desde hace mucho tiempo, a este alejamiento de nosotros mismos y de la parte sensible de la realidad. Como un mundo bajo una campana de cristal, hecho de barreras más o menos invisibles, resultado del individualismo liberal, de falsos aires luminosos y que con el tiempo forzosamente se ha degradado, porque somete a los individuos a normas esclavizantes y actúa mediante una compensación continua. Cada uno quiere disfrutar sin cortapisas de su libertad, en el consumo, el ocio y la bulimia de la intensidad hedonista. Este proceso que podríamos llamar de «doble escisión», por una parte, de nuestra subjetividad, por la otra, de las relaciones intersubjetivas, ha acabado siendo forzosamente mortífero. Ha producido incluso formas de alienación colectiva, manifiesta en las «redes sociales», donde la gente insulta constantemente desde su campana de cristal, alimentando una mecánica estéril o el beneficio de las plataformas digitales, y reforzando ese estado cada vez más generalizado de desorientación, de pérdida de autoestima y de rencor.

En este sentido no es casual que la noción de «presencial» se impusiera en los primeros confinamientos de la pandemia y se confrontara con la de «a distancia». Las dos tienen una dimensión meramente instrumental, que supone realizar trabajos definidos e induce a una práctica equivalencia, de acuerdo con una denegación de las posibilidades específicas que permite la presencia. Ahora bien, ¿qué es la presencia, qué es estar presente en uno mismo, en los demás, en el entorno, sino estar en una disposición de donde surgen las vinculaciones y las articulaciones entre entidades distintas que promueven procesos y generan obras indisociables de ella? Estar presente es favorecer una relación que implica que lo que puede eclosionar no se vea obstaculizado por grilletes que paralizan las facultades, atrofian las energías y dirigen hacia caminos empobrecidos y sin perspectivas. Por esta razón no hay en el fondo más política grande que una política plural, de la vida, que favorece la brotación, la floración, y contribuye al nacimiento de una infinidad de acontecimientos. Aspecto que evoca la llegada al mundo de los recién nacidos, mencionada muchas veces por Hannah Arendt, capaz en su opinión de modificar a largo plazo el estado de las cosas, pero cuyos presupuestos, debido a su carácter puramente teórico, exigen aportar un matiz importante. Dado que todos estos nuevos seres están destinados a crecer en estos marcos, corren el riesgo de ver cómo su singularidad se marchita a medida que evolucionan.

Digamos más bien, por tanto, que debemos comportarnos como recién nacidos. Pues lo que se ha reprimido —y hemos acabado aceptando como una situación de hecho— es la *potencia de la vida*, de nuestras vidas individuales y colectivas— nuestro *élan vital*, usando una expresión de Bergson, que contiene un poder ilimitado de creatividad. Y lo que hace posible, en su origen mismo, la expresión de lo vivo es no ser sofocado, abortado en su eventualidad por diversos motivos. Por esto hay que avivar todas las *fuentes de vida*, las que conducen a una *vida buena*, en palabras de Aristóteles, que participan de la plenitud de cada uno y de una armonía compartida. Eso sería celebrar lo vivo, no únicamente lo que se relaciona con los «no-humanos», según un uso del lenguaje muy significativo de una partición binaria que, en contra de las intenciones declaradas, al final se mantiene, sino dondequiera que se encuentra, que solo pide tender hacia su plenitud y enriquecer conjuntamente nuestro medio común. Por eso, preocuparse de lo vivo no es solo una cuestión orgánica y biológica, sino que supone ante todo no obstaculizar la vitalidad de lo vivo, de la totalidad de lo vivo, sin excepción, y la infinidad de posibilidades a las que se abre y que hemos asfixiado.

Y sabemos que lo que da la vida es la fecundación, las relaciones generativas entre cuerpos distintos, que hacen que toda sustancia nueva proceda de una «anterioridad de la relación», según la hermosa expresión de Gustav Landauer. Al contrario de la contigüidad y de la separación, que han acabado predominando, contribuyendo así a cortar de raíz las posibilidades dependientes de relaciones fértiles y generando sentimientos de inutilidad, tristeza y resentimiento. Por eso podemos afirmar que en cierto modo se nos ha prohibido fecundar. De ahí que colocarnos deliberadamente en situación de presencia plena supone estimular vínculos interpersonales acordes con nuestras «almas hechas de aliento y de tacto», citando de nuevo a Aristóteles. Todo lo que permite la amistad en su sentido pleno, que implica contactos carnales, confianza mutua, libre disposición a muchas experiencias no sometidas a marcos limitadores predefinidos, apoyo indefectible y momentos de celebración.

Muchas virtudes y momentos estimulantes compartidos por los que es considerada fuente inagotable de alegría, pero que solo se vive en un marco privado y que, sin embargo, por todas estas razones debería considerarse —y hoy más que nunca— el modelo perfecto de una vida «buena». «De la amistad como forma de vida», decía Michel Foucault.

Lo que la pandemia nos ha mostrado claramente es nuestra necesidad visceral de proximidad física con los demás, tan evidente en las ganas de fiesta que se manifestaron desde los primeros días de los confinamientos, y más aún cuando estos se levantaron, porque aportan calor humano, risas y una alegre despreocupación. Sin embargo, hace tiempo que experimentamos este fenómeno de distanciación, que nos mina, y estas ansias profundas de tener relaciones sensibles. Además, este estado corre el riesgo de intensificarse debido a la generalización del teletrabajo y de todos los hábitos cotidianos que de él derivan. Nosotros, que somos los más viejos de la humanidad, como destacaba Pascal en los pensamientos con que se inicia este libro, ¿no debemos aprender la lección de nuestra cruel condición, de todas las otras formas de vida que impide y de la desolación que propaga? ¿Es que no vemos las catástrofes sociales, políticas y climáticas que ocurrirán si dejamos que se desarrolle este estado tumoral y no intentamos erradicarlo?

La República francesa, en 1848, en vísperas del auge del individualismo liberal que sostuvo el Segundo Imperio, había adoptado como lema «Libertad, Igualdad, Fraternidad», un conjunto que presupone en último término —si se lee entre líneas, o más exactamente *entre palabras*— un principio de contigüidad *entre los seres*, que desde entonces no ha dejado de ser confirmado. Y como todo lema nacional conlleva cierta idea de existencia en común —o la mayoría de las veces una ideología— sería el momento de dar un nuevo giro a esta trinidad puramente formal de valores, que como bien sabemos en realidad no es más que un anuncio o una vaga declaración de intenciones. Hablaríamos, evitando cualquier fórmula con aspecto de eslogan engañoso, *de una sociedad de amistad, de sociedades de amistad, de una miríada de sociedades de amistad*. La amistad en un sentido que presupone vínculos de reciprocidad, alejada de todo utilitarismo, y que invita a mantener un espíritu similar con los componentes de lo vivo. Sería en definitiva la libertad, la igualdad y la fraternidad en acción, no una abstracción lingüística, porque al añadirles un nuevo término —la amistad— se les da de golpe el color y la sustancia de que siempre habían carecido. Ha llegado el momento de usar nuestras paletas para adornarlas con los colores más vivos. No los codificados y estandarizados que proceden del paisaje pixelado de nuestras pantallas, sino la infinidad de colores del espectro de la luz solar, que nos impulsan a movilizar nuestros poderes de creatividad, que habíamos olvidado que son infinitos.